RÉFLEXIONS

SUR

LES IMPOTS

OU PROJET D'IMPOT PROGRESSIF SUR LE REVENU

ET

REFLEXIONS

SUR LES RAPPORTS ENTRE

LE CAPITAL & LE TRAVAIL

ET EN PARTICULIER

SUR LES SALAIRES OUVRIERS

PAR LE CITOYEN A^te^-H^te^ MARBEAU.

Ex-Secrétaire général de l'ex-Alliance Républicaine de la Côte-d'Or.

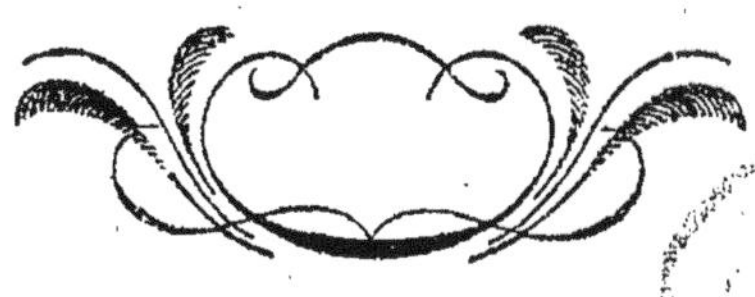

DIJON

IMPRIMERIE G. DEMEURAT, RUE BOSSUET, 15.

RÉFLEXIONS

SUR

LES IMPOTS

OU PROJET D'IMPOT PROGRESSIF SUR LE REVENU

ET

REFLEXIONS

SUR LES RAPPORTS ENTRE

LE CAPITAL & LE TRAVAIL

ET EN PARTICULIER

SUR LES SALAIRES OUVRIERS

PAR LE CITOYEN A^{te}-H^{te} MARBEAU.

Ex-Secrétaire général de l'ex-Alliance Républicaine de la Côte-d'Or.

DIJON

IMPRIMERIE G. DEMEURAT, RUE BOSSUET, 15.

PRÉFACE.

Des esprits éminents et d'une valeur incontestable ont prétendu qu'*il n'y a point de question sociale.*

Le croient-ils réellement, ou n'ont-ils nié le problème que pour ne pas épouvanter ceux qui sont intéressés à empêcher la solution qu'ils ont rêvée ou prévue ?

Je n'ai point à rechercher ici les motifs qui ont pu les amener à une négation que je regarde comme maladroite à tous les points de vue, et je réponds carrément et catégoriquement :

« Oui, il y a une question sociale, et il n'y en a a réellement
« qu'une seule, parce qu'il suffira de la résoudre pour trouver,
« du même coup, la solution naturelle, rationnelle de toutes les
« questions accessoires qui s'y rattachent. »

Cette question sociale est celle qui existe — depuis l'origine des sociétés — entre ceux qui ne peuvent pas vivre de leur travail et ceux qui vivent du travail des autres ; entre les oppresseurs et les opprimés, entre les exploiteurs et les exploités, ou, en d'autres termes, entre le *Capital* et le *Travail.*

Faire cesser l'antagonisme qui existe depuis si longtemps entre ces deux forces sociales, les associer, les harmoniser, tel doit être le but poursuivi par tous les amis de l'humanité. Quelque faible que soient les efforts d'un citoyen dans ce sens, il n'aura pas perdu son temps s'il parvient à dissiper quelques-unes des idées fausses, quelques-uns des préjugés qui obscurcissent les intelligences humaines, quand il s'agit de la solution du grand problème social.

C'est dans ces sentiments que j'ai cru devoir consigner par écrit et publier les réflexions que j'ai faites sur ce grave sujet.

En publiant ces réflexions, je n'ai point la prétention de produire un ouvrage parfait ; je suis persuadé, tout le premier, que mon travail est loin d'être complet. Il peut même se faire que quelques-unes des idées ou des observations qu'il contient soient fausses ou erronnées, en totalité ou en partie.

Je m'attends donc à de nombreuses critiques ; mais, loin de m'en effrayer, je m'en réjouis. En effet, si ces critiques sont fondées j'ai assez d'intelligence pour les apprécier et assez de bonne foi pour en tenir compte et modifier mon travail en conséquence. Alors, ce travail devenant de plus en plus parfait, j'aurai d'autant plus de chances de le voir rechercher par les esprits sérieux.

Si, au contraire, les critiques dont il s'agit n'ont rien de fondé, il me sera facile d'y répondre victorieusement ; dès lors, j'aurai la satisfaction de détruire des idées fausses dans l'esprit de mes contradicteurs.

Dans l'un ou l'autre cas, la vérité ne pourra que gagner à cette discussion.

Quoi qu'il arrive, je croirai avoir rempli un devoir en répandant des idées dont beaucoup de bons esprits se sont déjà préoccupés, il est vrai, mais qui n'ont encore jamais été résumées et formulées dans un langage à la portée des classes populaires, c'est-à-dire de celles qui ont le plus besoin d'être éclairées. C'est surtout pour elles que j'écris.

Dijon, le 15 Décembre 1871.

MARBEAU.

RÉFLEXIONS

SUR

LES IMPOTS

OU

PROJET D'IMPOT PROGRESSIF

SUR LE REVENU

Considérations générales.

L'homme étant essentiellement fait pour vivre en société, il en résulte des besoins généraux ou communs, auxquels la société est tenue de satisfaire.

Ainsi, toute société organisée a besoin de législateurs, d'administrateurs, de défenseurs, de juges, d'instructeurs, etc. De là naissent forcément diverses catégories de citoyens qui consacrent tout ou partie de leur temps au service de la société, et qui, en échange, ont le droit d'exiger d'elle un juste salaire.

La société a également besoin de posséder des forteresses, un matériel de guerre, une marine, des routes, des chemins, des canaux, des monuments, etc.

Pour satisfaire à ces divers besoins permanents, la société doit créer des ressources spéciales et permanentes.

La satisfaction de ces besoins procurant d'innombrables avantages à tous les membres de la société, il est juste que les charges qui en résultent soient supportées par tous les citoyens qui profitent de ces avantages.

De là l'impôt, qui n'est pas autre chose que le prélèvement d'une partie des ressources de chaque citoyen.

Le principe de l'impôt étant admis, quelle en doit être la nature ?

Au moyen-âge et jusqu'à la révolution de 1789, le peuple, le vrai peuple des travailleurs, des fécondateurs de la terre et de l'industrie, payait des impôts de quatre natures différentes :

L'impôt du sang ;

L'impôt en nature ou de produits ;

L'impôt de travail ou de corvée ;

L'impôt d'argent.

L'impôt du sang n'était pas autre chose que le service militaire ou le temps consacré à la défense du pays.

Cet impôt est éminemment juste ; c'est une dette sacrée que chaque citoyen contracte en naissant, et qui grandit avec lui jusqu'au jour où il aura la force de s'en acquitter. Il est donc facile de comprendre que personne n'a le droit de se soustraire à cette obligation, qui, après l'amour filial, est le plus saint des devoirs, et que toute loi est injuste qui permet d'y échapper par un rachat quelconque.

Tout citoyen valide doit être soldat quand il s'agit de défendre le sol national.

L'impôt en nature ou des produits du sol, avait une certaine apparence de justice à une époque où le numéraire était rare, et où tout le sol était possédé par le clergé, la noblesse et la haute bourgeoisie, dont le paysan n'était que le tenancier.

Mais, aujourd'hui, que chaque paysan laborieux et économe finit par posséder une part plus ou moins large dans la propriété foncière, l'impôt en nature est aboli de fait et de droit, même pour les cultivateurs-fermiers, qui s'acquittent en argent du prix de leur fermage. Les seigneurs de la finance actuels trouvent qu'il est plus facile de loger et employer des rouleaux de pièces d'or que d'engranger ou encaver leur part des produits du sol, comme le faisaient jadis les seigneurs féodaux.

L'impôt du travail était certainement le plus inique, le plus odieux, le plus insupportable de tous. Ce n'était pas autre chose qu'un reste de l'antique servitude dans laquelle avaient longtemps vécu les Gallo-Romains après la conquête de la Gaule par les Francs.

En vertu de cet impôt, tout seigneur, — civil ou ecclésiastique, — avait le droit d'exiger de son vassal ou tenancier au moins trois journées de travail, « l'une à faucher, la seconde à moissonner, la troisième à faire ce que le seigneur voudra » suivant le naïf langage de nos vieilles chroniques.

En outre, chaque année, à des époques variables, les officiers royaux, parcourant les campagnes, « arrachaient les paysans à leurs travaux, et chassaient devant eux ce troupeau d'hommes, pour leur faire construire des chemins publics, à 3 ou 4 lieues de leurs chaumières. »

Le peuple français a toujours supporté patiemment l'impôt du sang et l'impôt des produits, parceque, d'instinct, il en sentait la justice ; mais il a toujours protesté contre les corvées, parceque toujours il les a considérées comme un reste d'esclavage.

Il était réservé à l'immortelle révolution de 1789 d'en débarrasser le peuple à tout jamais.

L'impôt d'argent — au moyen-âge et jusqu'à la révolution — avait des causes différentes et souvent opposées.

Jusqu'à Charles V, le roi n'avait le droit d'imposer que les peuples relevant directement de la couronne ou du domaine royal. Chaque seigneur restait libre de gouverner et imposer, comme il l'entendait, les populations placées sous sa domination ; le roi n'avait rien à y voir.

En résumé, le seigneur-vassal payait au roi et le vassal du seigneur payait à ce dernier.

Mais, à partir de Charles V, les choses changent de face : le pouvoir des seigneurs va sans cesse en s'affaiblissant au profit du pouvoir royal, sans grand bénéfice pour les peuples, qui continuent de payer aux trésoriers royaux des tailles de plus en plus lourdes et une foule de petites taxes à leurs seigneurs particuliers.

Ces différents impôts d'argent n'avaient aucune base fixe ou déterminée. Chaque province était imposée à une certaine somme variable suivant les besoins du moment ou les caprices des gouvernants ; la répartition de cet impôt sur les contribuables était ensuite faite d'une façon à peu près arbitraire par les soins des baillis de province, sous la surveillance nominale du gouverneur.

Chaque seigneur, de son côté, maintenait avec soin les diverses taxes établies par ses ancêtres sur ses vassaux ou tenanciers, et s'efforçait, à l'occasion, d'en établir de nouvelles.

Il se consolait, par là, d'avoir perdu le droit de haute et basse justice, de battre monnaie, d'avoir des hommes d'armes à ses gages et de n'être plus que l'humble sujet du roi, son maître tout-puissant.

Un tel système d'impôts avait pour conséquence forcée la ruine de la nation et la misère du peuple. Les choses en vinrent même à un tel point, qu'à différentes reprises, les malheureux paysans se soulevèrent et exercèrent d'atroces vengeances contre leurs tyrans.

Ce qui ajoutait encore à l'odieuse injustice des impôts, c'est que la noblesse et le clergé en étaient à peu près exempts, bien qu'ils possédassent, à eux seuls, presque toute la propriété foncière.

Heureusement, 1789 mit fin à tant d'iniquités en supprimant, d'une part, les corvées et les taxes seigneuriales et, de l'autre, en établissant un nouveau système d'impôts plus rationnel et s'appliquant à tous les citoyens, sans distinction.

Examen critique de nos différents impôts.

Le système actuel de nos impôts a subi différentes modifications depuis son origne ; malheureusement, ces modifications ont été presque toujours une aggravation plutôt qu'un allégement dans les charges des contribuables, et cela pour diverses causes qu'il serait inutile d'indiquer ici.

Aujourd'hui, nous avons .

L'impôt du sang ou du service militaire, et l'impôt d'argent, qui se subdivise en deux grandes catégories d'impôts partiels :

Les impôts directs,

Les impôts indirects.

Impôt du Sang.

Jusqu'à ce jour, l'impôt du sang, bien qu'éminemment juste en principe, a été, la plupart du temps, dénaturé, faussé ou escamoté dans la pratique.

Il peut être faussé ou escamoté de deux manières : 1° en recourant à l'intrigue et à la protection d'hommes influents pour obtenir une exemption du service militaire basée sur de soi-disant infirmités ; 2° Par suite d'un défaut de notre loi militaire, qui admet le tirage au sort et l'exemption du service pour ceux des conscrits qui obtiennent des numéros supérieurs à celui auquel s'arrête le conseil de révision pour former le contingent cantonal.

L'impôt du sang peut-être dénaturé par suite d'un autre défaut de la loi, qui admet le remplacement militaire. Sous le règne de Napoléon III, de honteuse et sinistre mémoire, tout citoyen assez riche pour le faire, versait, il y a peu de temps encore, une certaine somme déterminée, à l'avance, par le Ministre de la guerre, moyennant quoi il était, pour toujours exonéré de l'impôt du sang.

Ce mode d'exonération a donné lieu, pendant plus de 15 ans, à deux abus monstrueux.

1° Chaque année, environ 30,000 jeunes gens se rachetaient du service militaire, par le versement d'une somme moyenne de 2,500 francs, à la caisse de l'armée, laquelle était soi-disant chargée de remplacer les exonérés par d'autres hommes. Or, il est prouvé, aujourd'hui, que ce remplacement n'a jamais eu lieu ; il est clair, dès lors, que quelqu'un bénéficiait ainsi d'une somme annuelle de 75,000,000 de francs.

2° Notre budget était calculé et payé, chaque année, pour une armée de 650,000 hommes, soit 650,000,000 de francs environ. Or, par suite du non remplacement des exonérés par l'État, cette armée n'était réellement que de 340,000 hommes ; nous n'aurions donc dû payer qu'une somme annuelle de 340,000,000 de francs. C'est-à-dire que, chaque année, nous avons payé de ce chef, 310 millions en pure perte. Il est facile de deviner que ces 310 millions allaient rejoindre les 75 millions de la caisse d'exonération.

Il suit de là que, chaque année, pendant 15 ans, on nous a volé 385 millions, ou, en tout, le joli denier de 5 milliards 775 millions de francs ! !

Voici maintenant quelques-unes des conséquences de cette honnête spéculation.

1° Aux 385 millions provenant du budget de la guerre, si l'on ajoute le montant de la liste civile, soit environ 40 millions, le revenu des domaines impériaux et quelques grattages sur les divers autres ministères, on verra que l'auguste famille impériale avait à sa disposition, chaque année, une somme de 450 millions de francs.

Avec de pareilles ressources, combien de consciences ne peut-on pas acheter, combien d'hommes ne peut-on pas corrompre !

Aussi, à partir du coup d'Etat, l'homme de Décembre et ses dignes acolytes ont facilement et rapidement enveloppé la France dans un vaste réseau d'espions, de mouchards, de dénonciateurs, de préfets à poigne, de magistrats à conscience élastique, de prêtres toujours disposés à bénir les possesseurs du pouvoir.

Les choses en étaient venues à un tel point qu'on peut dire, sans rien exagérer, que chaque famille française contenait un membre galeux, et un œil constamment ouvert au profit de la police impériale.

La France ressemblait alors à une vaste toile d'araignée au centre de laquelle étaient embusqués des monstres voraces, et où étaient pris et devorés tous les malheureux citoyens assez hardis pour réclamer de la justice et des libertés.

2°. Avec des ressources aussi considérables, tant en argent qu'en moyens de surveillance et de domination, la famille impériale put se livrer, impunément et sans contrainte, à ses goûts effrénés de débauche, de luxe et de dissipation.

Les grands dignitaires, les hauts fonctionnaires, la haute bourgeoisie et, en un mot, tous les gangrénés de l'empire, prirent à tâche d'imiter l'auguste famille et de se surpasser les uns les autres dans la chasse aux emplois, aux honneurs et aux plaisirs.

La corruption gagnant rapidement toutes les classes de la société, la grande préoccupation du peuple était la vie oisive, facile, luxueuse. Tout le monde voulait s'enrichir et par tous les moyens, afin de se livrer au plaisir. Des fêtes et des spectacles, voilà l'idéal auquel l'empire avait amené la grande majorité des citoyens. Le fameux *panem et circenses* des Romains était devenu une réalité.

Comme conséquences, d'une part, plus de simplicité dans les mœurs, plus de bonne foi dans les relations, plus de sens moral ; confiance et fraternité nulle part, défiance, jalousie et dénonciation partout.

D'autre part, les sciences restent à peu près stationnaires, les lettres et les beaux-arts, obligés de chanter ou de représenter les grandeurs impériales, tombent dans une décadence dont il leur sera difficile de se relever ; la justice est aux mains des vendus de l'empire, et les administrations sont infestées d'hommes tarés.

En un mot, c'est la corruption et le brigandage du haut en bas de l'échelle, et la France court à grands pas à sa perte.

En effet, l'empire, incapable de diriger le pays dans la voie du bien, était également impuissant à l'organiser au point de vue de la défense nationale. Aussi, lorsqu'à la suite d'une politique sans dignité, sans grandeur, sans prévoyance, sans but déterminé, il eut placé la nation dans la triste alternative ou de le renverser par une révolution — qu'il eut rendue sanglante, — ou de subir une guerre au profit de la dynastie contre la Prusse, l'homme de Décembre et ses généraux de carton n'ont pu mettre en ligne que 250,000 hommes contre 900,000 allemands. Par suite, nous avons subi des désastres sans pareils dans l'histoire des peuples, et la France ouvrant enfin les yeux devant l'effroyable réalité, a pu mesurer la profondeur du gouffre au bord duquel l'empire l'avait conduite !

C'est alors qu'elle a compris que l'homme *providentiel* qui s'était arrogé la soi-disant mission de la *sauver*, l'avait tout simplement conduite à la honte et à la ruine.

Dans un élan de sainte et sublime colère — bientôt imité par toutes les provinces, — Paris a secoué la vermine impériale qui rongeait la nation, et la grande Exilée, notre chère République, a reparu parmi nous pour organiser la défense nationale et, s'il n'est pas trop tard, ramener la victoire dans nos rangs.

Si l'impôt du sang eut été appliqué à tous les citoyens valides, sans exception, depuis seulement 20 ans, jamais l'étranger n'eût foulé le sol français, et l'on eut évité à la France le gaspillage de nos finances, les horreurs de la guerre de 1870-71 et les misères sans nombre qui en seront la suite inévitable.

Il y a lieu d'espérer que la France saura mettre à profit la grande et terrible leçon qu'elle a reçue, et qu'elle méritait à plus d'un titre. Il faut espérer, dis-je, qu'elle saura organiser sa défense nationale de telle sorte que jamais aucune nation ne soit tentée de l'attaquer, — même en se réunissant à d'autres, — et qu'elle saura se donner des institutions sincèrement, radicalement républicaines, qui rendront à tout jamais impossibles des abus de pouvoirs et des brigandages comme ceux que la nation a dû subir depuis 20 ans.

Impôt d'Argent.

L'impôt d'argent, comme nous l'avons déjà vu, se divise en impôts *directs* et impôts *indirects*.

Impôts Directs.

Les impôts *directs* sont ainsi appelés parce qu'ils ont pour base la fortune même de chaque contribuable, c'est-à-dire qu'ils sont en raison *directe* de l'importance de cette fortune. En d'autres termes, si la fortune du contribuable devient double, triple ou quadruple, ses impôts deviennent aussi doubles, triples ou quadruples. Comme aussi ces mêmes impôts se réduisent à la moitié, au tiers, au quart, si la fortune se réduit à la moitié, au tiers, au quart.

Les impôts directs sont au nombre de quatre, savoir :

L'impôt foncier,

L'impôt personnel et mobilier,

L'impôt des patentes.

L'impôt des portes et fenêtres.

On peut encore regarder comme impôt direct, celui qu'on appelle *taxe municipale sur les chiens.*

A chacun de ces cinq genres d'impôt, on peut faire, en particulier, différents reproches, sans compter ceux qu'on peut leur faire à tous en commun.

Impôt Foncier.

L'impôt foncier, comme son nom l'indique, se rapporte au *fond*, c'est-à-dire au sol même.

Il a pour base le revenu net approximatif de chaque parcelle de terre, d'après une évaluation faite par les agents de l'Etat, lors de la création du cadastre, de concert avec les notables de chaque commune, lesquels étaient, pour cette opération, désignés sous le nom *d'indicateurs du cadastre.*

Outre que l'impôt foncier est injuste dans son principe, il pèche encore par sa base même, c'est-à-dire par le revenu cadastral.

En effet, au lendemain du jour où le cadastre vient d'être terminé, l'impôt foncier est établi d'une manière à peu près équitable ; mais, dans la plupart des communes, le cadastre est terminé depuis 25, 30, 40 et même 50 ans. Il est évident que, pendant d'aussi longues périodes de temps, le revenu cadastral a dû augmenter, au moins pour deux causes principales : la première, c'est qu'un champ qui, depuis 30 ans, par exemple, n'aurait pas augmenté de valeur foncière ou intrinsèque, donnerait cependant, aujourd'hui, à son propriétaire, un revenu supérieur à celui d'il y a 30 ans.

La seconde cause d'augmentation du revenu cadastral, c'est que, depuis 40 ans, l'agriculture a fait des progrès considérables qui, ayant amélioré la qualité des terres, en ont augmenté la valeur réelle ou foncière en augmentant le rendement des récoltes.

Il est donc certain, aujourd'hui, que le revenu cadastral n'est plus qu'une base erronnée pour l'évaluation de l'impôt foncier, et que cet impôt devrait être de 1/10, de 1/8, de 1/5 et parfois de 1/4 plus fort qu'il ne l'est actuellement.

Pour revenir à une base juste et équitable, il faudrait recommencer le cadastre partout : malheureusement, c'est là une opération difficile, compliquée, colossale et extrêmement longue et onéreuse. Il n'y faut plus penser, et, faute de mieux, il faut accepter l'impôt foncier tel qu'il est établi, jusqu'au jour où nos législateurs, ouvrant enfin les yeux à la lumière, à l'évidence, consentiront à doter la France d'un système d'impôt en harmonie avec le bon sens, la justice et les idées nouvelles.

Impôt Personnel et Mobilier.

L'impôt personnel et mobilier se subdivise en deux impôts partiels, l'un sur la *personne* du contribuable, l'autre sur son *mobilier*.

L'impôt personnel n'est pas autre chose qu'un impôt de *capitation*. Chaque citoyen ayant le même intérêt au maintient du bon ordre dans la société, cet impôt devrait être le même par toute la France. En outre, tout individu capable de gagner sa vie, devrait payer cet impôt. Il n'en est point ainsi, car cet impôt varie d'un département à l'autre ; de plus les femmes en sont exemptes, à moins qu'elles ne soient veuves ou filles majeures possédant des immeubles ; enfin, une multitude d'ouvriers — sédentaires ou nomades — en sont exonérés, ce qui est d'autant plus injuste que c'est là le seul impôt qu'il soit raisonnable d'exiger d'eux.

L'impôt de capitation devrait être exigible pour tout individu âgé de 18 ans, et fixé à une somme minime, par exemple 3 francs par an pour les femmes et 5 francs pour les hommes.

L'impôt mobilier est calculé sur la valeur ou l'importance du loyer d'habitation du contribuable.

Cet impôt, qui n'est pas autre chose qu'un impôt *somptuaire*, serait mieux nommé *impôt locatif* ou de loyer. En effet, ce n'est pas la valeur des meubles ou du mobilier qui est frappée, mais bien le prix du loyer de la maison.

Si l'on admet la pluralité des impôts, cet impôt est rationnel, mais, pour être logique ou conséquent avec le principe de l'impôt somptuaire, pourquoi ne pas imposer les meubles, la vaisselle, le linge de lit, de table ou de personnes, les chevaux et voitures de luxe, le personnel domestique, etc., etc.? Mais ceux qui ont établi nos impôts ne se piquaient pas d'être conséquents.

Impôt des Patentes.

Les patentes étaient, jadis, une sorte de *diplôme* que les corporations ouvrières ou marchandes délivraient à chaque nouveau sociétaire. Ce diplôme donnait à ce sociétaire droit à certains privilèges concédés à la corporation.

Aujourd'hui cette patente n'est plus qu'une *invitation* au commerçant d'avoir à verser au percepteur une certaine somme sur les bénéfices qu'il est supposé faire pendant l'année.

Le seul privilège ou avantage que lui donne sa patente, c'est que, pour un procès en matière commerciale, il aura la satisfaction d'être jugé par ses pairs, c'est-à-dire par des juges qui sont commerçants eux-mêmes et qu'il a eu le plaisir de nommer si, toutefois, M. le Préfet l'a trouvé commerçant assez notable pour le comprendre dans la liste des électeurs.

L'impôt des patentes est injuste ou mal appliqué la plupart du temps. En effet, cette patente une fois établie, que le commerçant fasse peu ou beaucoup de bénéfices, qu'il fasse même des pertes, il paiera toujours le même impôt.

Pourtant, si son commerce prenait une extension telle que cela fût de notoriété publique, quand même les bénéfices réalisés seraient moindres qu'auparavant, sa patente serait notablement augmentée. Et l'on appelle cela un impôt *direct*.

De deux choses l'une, ou l'impôt de patente porte sur le bénéfice net du commerçant ou il porte sur son chiffre d'affaires.

Dans l'un ou l'autre cas, pourquoi ne pas le baser sur les chiffres portés au journal de ce commerçant à la date du 31 décembre de chaque année ?

Impôt sur les Portes et Fenêtres.

De tous les impôts, celui des portes et fenêtres est sinon le plus inique, du moins le plus injustifiable.

Comment, par le seul fait que j'habite une maison, je dois payer un impôt pour respirer l'air et jouir de la lumière ! C'est tout simplement monstrueux.

En revanche, si j'habite une tente, en plein air, ou si je demeure dans une maison où je m'introduis au moyen d'une échelle, par une ouverture pratiquée dans le toit — ce dernier tout en vitrage — ma maison n'ayant ni porte ni fenêtre, je ne devrai pas payer l'impôt, et pourtant, dans les deux cas, je jouirai de l'air et de la lumière.

Et si je construis ma maison de telle sorte qu'à partir d'une certaine hauteur, elle ne soit qu'un vitrage dans tout son pourtour, j'aurai plus de lumière qu'en y pratiquant 50 croisées, et pourtant, je ne paierai l'impôt que pour une seule fenêtre.

Enfin, si au lieu d'avoir une seule fenêtre, qui tienne tou^t ou à peu près tout le pourtour de ma maison, j'en pratique 10 de grandeurs différentes ou de grandeur égale, je paierai un impôt 10 fois plus grand, bien qu'ayant moins de lumière.

Même raisonnement pour les portes.

On voit par là que, dans certain cas, plus on a d'air et de lumière moins l'on doit payer, et que dans d'autre cas, moins on a d'air et de lumière, plus on doit payer. Et l'on appelle cela un impôt direct !

Si vous voulez que ce monstrueux impôt ait quelque chose de logique — au moins dans la pratique — établissez-le d'après la surface totale des portes et des fenêtres extérieures de chaque maison, et à raison de tant par mètre superficiel ; alors, votre impôt étant proportionnel à l'air et à la lumière, sera réellement *direct*. Jusque là, il est odieux dans son principe et absurde dans son application.

Impôt sur les Capitaux.

Lorsque le gouvernement français a établi l'impôt proportionnel sur les fortunes, sans distinction, les conservateurs de l'époque n'ont pas manqué de vanter, d'exalter cette mesure, qui, certes, constituait un progrès immense sur le système précédent ; on a chanté sur tous les tons, célébré sous toutes les formes la générosité sans pareille de la bourgeoisie, de la noblesse et du clergé, qui consentaient enfin à supporter leur part des charges sociales. Et cependant, on laissait subsister un des abus les plus monstrueux du *bon vieux temps* : le *capital* était exempt de tout impôt !

Les gouvernants d'alors comprenaient à merveille que les titres n'étant plus rien désormais, la puissance appartenait réellement aux capitalistes ; donc le capital ne devait participer en rien aux charges de l'État.

Il suit de là que si deux hommes ont chacun une fortune de 100,000 francs, l'un en capital l'autre en biens-fonds, le premier est deux fois plus riche que le second, car il a deux fois plus de ressources annuelles.

En effet, 100,000 francs en capital rapportent, au minimum, 5,000 francs de revenu chaque année, sans qu'il y ait à en déduire un centime d'impôt.

Au contraire, 100,000 francs en biens-fonds, ne rapportent guère que 2 francs 50 0/0 ou en tout 2,500 francs, sur lesquels il y a environ 500 francs d'impôts à retrancher, soit net, 2,000 francs de revenu, au lieu de 5,000 comme dans le cas précédent.

En outre, si le fermier vient à être grêlé, inondé ou incendié, le propriétaire est moralement obligé de lui faire remise d'une partie de son fermage.

Il y a en France plus de 100,000 citoyens qui sont placés dans le même cas. Ce système dure depuis 1789, et, avec nos législateurs actuels, il n'est guère possible d'en prévoir la fin.

C'est tout simplement révoltant.

Impôts Indirects.

Ces impôts sont très-bien nommés, parcequ'ils sont payés, en apparence, par le producteur ou le négociant et en réalité par le consommateur.

Les impôts indirects sont très-nombreux, et leur produit total, en France, dépasse de beaucoup celui des 4 impôts directs, ce qui n'est pas peu dire.

Les principaux de ces impôts sont :

1° L'impôt sur les boissons ;

2° L'impôt d'octroi ;

3° L'impôt sur le timbre ;

4° L'impôt sur les contrats commerciaux, les baux, les actes de vente, etc., pour l'enregistrement de ces actes ;

5° L'impôt sur les tabacs et les poudres ;

6° Les droits de sortie et d'exportation des matières premières ou des produits fabriqués allant à l'étranger.

7° Les droits d'entrée ou d'importation des matières premières ou des produits fabriqués venant de l'étranger.

Ces deux derniers impôts sont généralement connus sous le nom de *droits de douane*.

Impôts sur les Boissons.

L'impôt sur les boissons se subdivise en plusieurs impôts partiels qui sont :

1° Impôt de fabrication ;

2° Impôt de congé ou de circulation ;

3° Impôt d'octroi ou d'entrée dans les villes ;

4° Impôt de débit ou de consommation chez le cafetier ou l'aubergiste.

Ces différents impôts sont aussi absurdes les uns que les autres. En effet, si pour fabriquer des liqueurs ou des alcools, le fabricant droit payer un droit de tant par litre, pourquoi ne faites-vous pas payer un droit de tant par mètre au fabricant de toile, de drap, de dentelles, de tant par kilo au fabricant de sucre, de bougie, de savon, etc., etc. Et, si pour transporter un fût de vin de la cave du vigneron à celle du consommateur il faut payer une certaine somme autre que celle légitimement due au voiturier, pourquoi ne pas faire payer un droit semblable au blé, au foin, à la paille, au bois de chauffage, et, en un mot, à toutes marchandises de consommation ?

D'ailleurs, le droit de circulation et celui d'octroi rappellent la féodalité et le bon vieux temps où les marchandises, transportées d'un lieu à un autre, devaient payer un droit à tout seigneur dont elles traversaient les domaines.

Enfin, s'il est juste de faire payer aux cafetiers des droits pour le détail de leurs boissons, pourquoi ne pas faire payer les mêmes droits à l'épicier, au marchand d'étoffes, au fruitier, et, en général, à tous les marchands de comestibles.

Pourquoi tous ces impôts sur les boissons ? Est-ce dans le but de combattre l'ivrognerie ? Alors le moyen est mal choisi et sans efficacité, car ce n'est pas en imposant le vin et les liqueurs qu'on ôtera au peuple la possibilité ou l'envie d'en abuser.

Le plus grand ennemi de l'ivrognerie, c'est l'instruction et surtout l'éducation ; mais ce sont-là deux moyens dont nos financiers se garderont bien de demander l'emploi, si tant est qu'ils songent à moraliser le peuple.

D'ailleurs, n'est-ce pas une choquante inégalité que celle qui résulte de ces impôts entre le producteur et le consommateur ?

En effet, le producteur rural ne paie aucun droit sur le vin ou les liqueurs qu'il réserve pour sa consommation et celle de sa famille ; de la sorte, il ne paie d'autres impôts que ceux du sol, s'il est vigneron, ou de patente, s'il est fabricant de liqueurs.

Le consommateur, au contraire, paie les mêmes impôts quand il y a lieu, et, en outre, le droit de fabrication, celui de circulation, celui d'octroi et celui de débit, car il est facile de comprendre que le débitant a bien soin d'ajouter au prix de toutes ses boissons les différents droits dont-elles sont grevées.

Il y a même ceci de remarquable que le propriétaire, le petit boutiquier, le rentier et l'employé qui achètent leurs boissons en fûts chez le marchand en gros, ne paient que les impôts de fabrication de circulation et d'octroi ; tandis que le pauvre diable d'ouvrier, dont les ressources sont trop faibles pour faire de même, achète, quand il le peut, son vin au litre ou sa liqueur sou à sou, chez le cabaretier, et paie ainsi les quatre impôts de fabrication, de circulation, d'octroi et de débit, sans compter que, neuf fois sur dix, la marchandise qu'on lui livre est plus mauvaise que chez les marchands en gros, bien qu'elle lui coûte à peu près un prix double.

Il résulte de cette inégalité que celui qui a le plus besoin de vin, le boit mauvais et le paie très-cher, bien qu'il ait tous les droits possibles de le boire bon et à un prix modéré.

Et d'ailleurs, combien les impôts sur les boissons ne sont ils pas vexatoires dans la pratique ! quoi de plus insupportable de voir, à l'octroi, les employés fouiller vos voitures, vos paniers et vos malles, et chez le débitant, les employés de la régie fureter dans tous les meubles, dans tous les coins, de la cave au grenier, pour découvrir les boissons assujetties aux droits, ou jauger minutieusement barils, feuillettes et bonbonnes !

Impôts d'Octroi.

Dans cette expression *impôts d'octroi*, il y a un non sens ou une contradiction telle qu'on peut dire avec raison que ces mots *hurlent d'effroi* de se voir accouplés.

En effet, *octroi* signifie *concession* ou *faveur* accordée à quelqu'un, et ici, ce mot est employé pour désigner un des impôts les plus vexatoires et les plus odieux qu'il soit possible d'appliquer à cette bête de somme qui s'appelle *le Peuple*.

Par droit d'octroi, on entend un impôt qu'il faut payer à l'entrée des villes pour y introduire du vin, des légumes, des fruits, de la viande, du gibier, de la volaille, des œufs, du lait, du beurre, de la crême, des fromages, du foin, de la paille, de l'avoine, et, en un mot, tous les objets de consommation, sauf le blé, la farine et le pain. Et il en est de même pour tous les matériaux de construction.

Les reproches que l'on peut adresser à l'octroi sont nombreux et des mieux fondés. Ainsi, 1° cet impôt est vexatoire dans sa forme, car il donne à une sorte d'inquisiteur, qui vous guette au passage, le droit d'ouvrir vos paniers et vos malles, de fouiller vos voitures et, au besoin, vos habits, pour s'assurer que vous n'entrez pas en fraude telle ou telle marchandise soumise à l'octroi.

.. Vos déclarations verbales n'y feront rien, et le furet à deux pattes fourrera impunément son nez ou sa sonde au travers de vos colis.

C'est révoltant, mais c'est comme cela, et ne vous avisez pas de faire le récalcitrant, sans quoi vos malles seraient éventrées, sans préjudice d'un procès-verbal pour résistance aux agents de l'inquisition.

2° Dans les grandes villes, à partir du 1ᵉʳ Avril jusqu'au 15 ou 20 Novembre, les hauts barons de la finance s'en vont passer la belle saison dans leurs châteaux ou dans leurs maisons de campagne ; pendant tout ce temps, ils échappent à l'octroi et la charge n'en paraît que plus lourde aux employés, aux petits propriétaires, aux commerçants et aux ouvriers qui paient ainsi la plus forte partie de cet impôt inique.

3° L'impôt d'octroi étant proportionné à la consommation et non à la fortune du consommateur, il en résulte que le riche le paie avec une partie de son superflu, tandis que l'ouvrier et le petit employé ou commerçant le paient en se privant d'une partie de leur nécessaire.

4° Le droit d'octroi étant proportionné à la quantité et non à la qualité ou au prix de la marchandise, il en résulte que deux pièces de vin, l'une valant 100 francs et l'autre 1,000 francs paient le même droit d'octroi, alors que le simple bon sens dit que la seconde devrait payer 10 fois plus que la première.

N'avions-nous pas raison de dire que l'octroi est un impôt vexatoire dans sa forme, odieux dans son principe ?

On a supprimé les douanes de provinces, et l'on a chanté victoire et liberté, et, 20 ans plus tard, on a établi les octrois, c'est-à-dire de nouvelles douanes intérieures dix fois plus nombreuses, et d'autant plus intolérables qu'elles sont en contradiction avec nos mœurs et nos tendances vers la liberté du commerce.

Les partisans des octrois disent que les villes ont besoin de ressources pour payer leurs embellissements et leurs fonctionnaires, et que, sans l'octroi, on ne saurait où prendre les sommes nécessaires à cet effet.

Qu'à cela ne tienne ! En attendant l'impôt progressif sur le revenu, frappez d'un impôt spécial tous les habitants, et que cet impôt soit réparti au prorata de la fortune réelle de chaque contribuable ; c'est le seul moyen de proportionner un peu les charges à la force des épaules qui doivent les porter.

Mais c'est là un moyen trop simple, trop juste et trop honnête pour qu'il soit mis en pratique par nos législateurs et nos *savants économistes*.

Impôt sur le Timbre.

Cet impôt consiste en ce que, aux termes de la loi, tout acte de l'état civil, tout bail, tout acte de vente ou d'échange, original ou copié, doit être écrit sur un papier spécial marqué au timbre de l'État ; et il en est de même pour tout billet simple, billet à ordre, traite ou mandat, pour toute affiche commerciale ou judiciaire, pour tout acte notarié, exploit d'huissier, jugement civil, commercial ou militaire, correctionnel ou de simple police, procès-verbal de délit, d'expertise ou autres, etc., etc.

Ainsi, par la seule apposition d'un timbre, sec ou humide, une feuille de papier, qui valait, tout-à-l'heure, 1 centime tout au plus, est désormais réputée valoir 5, 10, 15, 20, 50 centimes, 1 f., 1 f. 50, 2 f., 2 f. 50, 3 f. 3 f. 50, etc., suivant le chiffre contenu dans l'empreinte du timbre apposé.

En d'autres termes, l'État se fait fabricant et marchand de papier timbré, et défend à quiconque de prendre la même liberté.

Bien que souverainement injuste dans son principe, l'impôt du timbre est cependant à peu près logique dans une partie : c'est celle des papiers destinés à la confection des valeurs commerciales. En effet, plus la somme à porter sur le billet ou le mandat est forte, plus le prix du timbre y afférent est élevé, la feuille restant la même comme dimension et qualité.

Il est facile de comprendre qu'il en devrait être de même pour tous les autres timbres, c'est-à-dire, que la valeur du timbre devrait être proportionnée à l'importance de l'acte pour lequel il est employé.

N'est-il pas absurde, en effet, d'employer deux feuilles de même prix pour la vente d'un lopin de terre estimé cent francs et pour la vente d'un domaine estimé cent mille francs ?

Si votre impôt est injuste en principe, tâchez donc qu'il ne soit pas ridicule ou absurde dans la pratique.

Que pour les actes publics on emploie un papier spécial, portant une marque particulière, rien de plus naturel, mais, dans ce cas, le timbre sec ou humide du tribunal civil devrait suffire, et le papier, ainsi timbré, ne devrait être payé qu'à sa valeur intrinsèque, c'est-à-dire au même prix qu'en librairie.

Quant aux actes privés ou commerciaux, il est parfaitement inutile d'y employer un papier spécial. En cela, comme en beaucoup d'autres choses, la liberté est le souverain remède.

Impôt d'Enregistrement.

L'enregistrement est une formalité qui, jadis, consistait dans la transcription *totale*, sur un registre public *ad hoc*, de tous les actes passés pardevant notaires, huissiers, greffiers où même entre particuliers, sous signatures privées, quand les parties intéressées jugeaient cette formalité nécessaire.

Cet enregistrement avait pour effet de donner à l'acte enregistré un caractère d'authenticité incontestable, et de prémunir, contre tout accident, le contenu de cet acte, au cas où, par exemple, la minute aurait été perdue ou détruite.

Aujourd'hui l'enregistrement a bien encore le même but, mais de la façon dont il est pratiqué, il ne saurait l'atteindre.

En effet, au lieu de transcrire l'acte dans tout son contenu, soit que Messieurs de l'enregistrement soient trop paresseux, soit qu'ils ne fassent qu'obéir à des ordres supérieurs, ils se contentent de faire, de chaque acte, une courte analyse mentionnant les noms, prénoms, profession et domicile des personnes ainsi que les principales conditions du corps de l'acte, celles, bien entendu, qui servent de base au droit d'enregistrement.

De la sorte, si la minute de l'acte venait à disparaître, il serait impossible de la reproduire avec le peu de notes que conserve l'enregistrement.

Que l'on exige des citoyens que tout acte notarié ou sous signatures privées soit en plusieurs expéditions, afin que l'on soit sûr de pouvoir le conserver et le reproduire au besoin, c'est là une mesure excellente qu'on ne saurait trop approuver, mais pas n'est besoin, pour cela de l'administration de l'enregistrement : il suffit de déposer l'une de ces copies à la mairie de la commune où l'acte est rédigé.

Mais, dira-t-on, l'impôt d'enregistrement disparaissant, les ressources du gouvernement diminuent, le budget est en déficit et il faut ou faire un emprunt ou faire banqueroute.

Nullement : il suffit de prendre où il y a de quoi, c'est-à-dire augmenter les charges de ceux qui ont de larges et robustes épaules.

L'impôt d'enregistrement, comme celui du timbre, d'ailleurs, est logique dans la partie qui se rapporte aux sommes contenues dans l'acte enregistré, car plus ces sommes sont élevées, plus l'impôt est fort, et réciproquement. Mais il est parfois inique dans son application.

Ainsi, par exemple, un père, en mourant, fait donation à ses enfants d'un patrimoine évalué à 100,000 francs ; or, après vérification, il est reconnu que ce patrimoine est grevé d'une hypothèque de 90,000 francs ; le bon sens et l'équité voudraient, dès lors, que le droit d'enregistrement ne fût perçu que sur la partie nette de l'héritage , cependant ce droit sera prélevé sur les 100,000 francs, nets ou grevés ; le fisc n'entre pas dans de semblables détails.

Impôt sur les Tabacs et les Poudres.

Qu'il soit à jamais maudit, celui qui, le premier, s'avisa de faire sécher des feuilles de tabac, pour ensuite les faire brûler et en aspirer la fumée !

En effet, à quel besoin le tabac fumé, prisé ou *chiqué* donne-t-il satisfaction ?

Je ne veux pas détailler ici tous les reproches que lui adressent les médecins, les philosophes et les femmes économes, j'en remplirais un volume. Je me contente de dire que tout est contre le tabac et que rien ne milite en sa faveur.

Il y a, en France, a peu près 8,000,000 de citoyens qui font usage de tabac et qui en consomment pour 250 à 300 millions de francs chaque année. Cette somme représente 35 francs par chaque *tabacophile*, c'est-à-dire de quoi payer son pain journalier pendant 4 mois. D'où il suit qu'avec l'argent dépensé pour le tabac, on pourrait donner du pain à tous les ouvriers de France.

Quant à la poudre, personne ne peut en contester l'utilité, soit comme remède, soit comme force explosible pour l'exploitation des carrières, soit comme moyen de destruction des animaux nuisibles.

Quoi qu'il en soit, nous n'approuvons par plus l'impôt sur la poudre que celui sur les tabacs. Pour être vrai, cet impôt n'en est pas un dans le sens propre du mot : c'est quelque chose de plus, c'est un monopole. C'est-à-dire qu'en vertu de sa toute-puissance, l'État se réserve, à l'exclusion de tout autre, la fabrication des poudres et des tabacs par toute la France. Par ce moyen, la concurrence étant rendue impossible, il est loisible à l'État de vendre ses produits le prix qui lui convient le mieux, et le consommateur est obligé, *quand même*, de le subir.

Ce monopole, comme celui du timbre — et comme tous les monopoles, — est tout simplement monstrueux, car il porte l'atteinte la plus grave à la morale publique et à la liberté commerciale, agricole et industrielle.

Puisque l'État ne recule pas devant cette immoralité, pourquoi s'arrêter en chemin? pourquoi ne pas monopoliser le pain, le vin, la viande, les étoffes, etc., etc.

Il est bientôt temps que le peuple se débarasse des monopoles et de ceux qui en vivent ; il est bientôt temps que l'État comprenne qu'il n'est pas autre chose qu'une délégation du pouvoir populaire, et que ses intérêts ne sont pas autres que ceux de la généralité des citoyens ; il est bientôt temps de placer tout le monde et toutes choses sous le régime du droit commun ! Ce jour-là, bien des abus disparaîtront pour toujours, et le tabac et la poudre, étant fabriqués librement par les citoyens, reviendront à des prix tels que l'une pourra rendre tous les services qu'on peut en tirer à l'occasion, et l'autre, étant à la portée de toutes les bourses, ne sera plus une lourde charge pour ceux qui en ont contracté la funeste habitude.

Droits d'importation et d'exportation ou droits de douane.

Les droits de sortie ou d'exportation sur les marchandises allant de France à l'étranger, sont établis, dit-on, pour protéger les intérêts populaires en empêchant la trop grande sortie et, par suite, la rareté et la cherté des grains et des produits.

De même les droits d'entrée ou d'importation sur les marchandises étrangères sont établis, dit-on, pour empêcher aux produits fabriqués à l'étranger de venir sur nos places faire concurrence aux nôtres et, par là, ruiner notre industrie nationale.

Je voudrais bien comprendre, mais je ne puis pas.

En effet, vous entravez, autant que possible, la sortie de nos blés, farines et comestibles, parceque, dites-vous, vous craignez la disette en France.

« Ce sentiment part d'un bon naturel,

« Mais quittez ce souci.»

Au bon vieux temps, c'est-à-dire avant l'établissement des chemins de fer et la navigation à vapeur, on avait parfaitement raison d'entraver la sortie des grains, car, lorsqu'il y avait rareté, il était très-difficile de combler le déficit. Mais, aujourd'hui, une telle crainte ne saurait avoir sa raison d'être : si les blés sortent du côté de l'Angleterre et de l'Espagne, il en rentre du côté de la Méditerranée, de l'Italie, de l'Allemagne et *vice versa*.

Mais, direz-vous, les transports sont chers et il vaut mieux conserver le blé qu'on a sous la main que d'en faire venir de loin et à grands frais.

Alors vous voulez, quand même, que l'agriculture soit en souffrance. Comment ne voyez-vous pas qu'il dépend de vous d'abaisser les tarifs des chemins de fer pour le transport des marchandises de première nécessité ? ils se rattraperont sur le transport des marchandises de luxe et sur les prix de 1re et de 2me classe pour les voyageurs.

Donc, liberté absolue pour le commerce des grains, soit à l'entrée soit à la sortie.

Quand aux droits qui entravent la libre sortie des matières premières, en maintenant ces droits, sous prétexte de protéger notre industrie en lui permettant de payer ces matières à un prix relativement faible, vous portez un coup funeste aux intérêts des producteurs, intérêts aussi sacrés que ceux des industriels. Pourquoi ne feriez-vous pas, pour ces matières, comme pour les grains ?

Donc liberté complète pour l'entrée et la sortie des matières premières.

D'un autre côté, si vous entravez la libre sortie des produits fabriqués, vous nuisez aux intérêts de l'industrie ; mais si vous entravez la libre entrée des produits étrangers, vous nuisez aux intérêts des consommateurs français.

Que voulez-vous que cela me fasse que le drap de mon habit vienne d'Elbeuf ou de Belgique ? l'important pour moi, c'est que la qualité de ce drap soit en rapport avec le prix.

Que voulez-vous que cela me fasse, à moi, ouvrier, de travailler au fond d'une fabrique en France ou en Allemagne, en Italie ou en Espagne ?

Le véritable citoyen n'a pas de patrie ; il est dans son pays partout où il trouve de la liberté, du travail pour vivre, et la protection des lois quand il a besoin d'y recourir. Pour lui, tous les peuples sont frères, et ces barrières réelles ou fictives qu'on appelle des *douanes* ou des *frontières*, ne sont qu'une invention diabolique des tyrans pour faire croire aux peuples qu'ils leur sont utiles à quelque chose.

Donc, liberté absolue pour l'entrée et la sortie des produits fabriqués.

Je ne prétends point que l'on doive, du jour au lendemain, passer d'un régime de protection à outrance à la liberté complète. Il est bien évident que les industriels n'étant pas préparés à cette brusque transition, il en résulterait une secousse mortelle pour notre industrie nationale. Que l'on prenne donc le temps qui paraîtra nécessaire pour l'application de cette grande et indispensable réforme, mais que, dès demain, l'on proclame le principe de la liberté absolue du commerce tant à l'intérieur qu'à l'extérieur.

Examinons, maintenant, les avantages qui découleront nécessairement, pour la société, en général, et pour chaque citoyen en particulier, de la liberté commerciale et de la suppression des *tous les impôts indirects.*

1°. Les impôts indirects étant supprimés et la liberté commerciale établie, non seulement on aura détruit une source intarissable de vexations et d'iniquités, mais encore on aura réalisé une économie considérable dans les frais généraux du gouvernement.

En effet, on peut, sans exagération, évaluer à 250,000 le nombre des employés du timbre de l'enregistrement, des poudres, des tabacs, des octrois, des douanes et des droits réunis ou sur les boissons.

En admettant 1,500 francs comme moyenne des traitements de cette armée d'employés (compris frais de bureau, de logement et autres) on trouve que la France paie, chaque année, 375 millions de francs pour la perception de ses impôts indirects ; c'est-à-dire qu'en supprimant ces impôts, les frais généraux de l'État se trouveraient diminués de 375 millions.

2° Si ces 250,000 parasites étaient utilisés à la production agricole et industrielle, en admettant que chacun d'eux produisît une moyenne annuelle de 1,500 francs, la production générale serait augmentée de 375 millions de francs.

Or, si l'on faisait, d'une part 375 millions d'économie et, de l'autre, une augmentation de 375 millions dans la production, il en résulterait que, chaque année le bien-être ou les ressources de la nation seraient augmentées d'une somme totale de 750 millions, c'est-à-dire d'une somme presque égale au produit de tout les impôts indirects, avec les vexations et les iniquités en moins.

3° Par le seul fait de l'établissements des impôts indirects, on fait naître chez ceux qui les subissent, l'idée de s'y soustraire ; de là naissent les fraudes incessantes et, par suite, des procès innombrables, qui entretiennent au sein des populations la haine des citoyens les uns contre les autres, et la pensée que le gouvernement n'est qu'une sorte de *pompe aspirante*, qui fonctionne sans cesse aux dépens et au préjudice de la fortune publique.

Supprimez donc vos impôts indirects et, du même coup, vous ferez disparaître une source inépuisable d'immoralité, de procès et d'amendes, les fraudeurs et les contrebandiers n'ayant plus de raison d'être.

Mais, direz-vous, que deviendront ces 250,000 employés jetés ainsi brusquement sur le pavé ?

La réponse est extrêmement simple : ceux qui ont de quoi vivre sans leur emploi, s'arrangeront comme ils l'entendront ; ceux qui n'ont pas suffisamment de ressources pour en vivre, feront comme le commun des martyrs, ils travailleront pour augmenter leurs ressources. Quant à ceux qui n'ont que leurs appointements pour vivre, on on *recasera* le plus possible, et ceux qui ne pourront être *recasés* immédiatement recevront un secours mensuel jusqu'à ce qu'ils aient trouvé une occupation qui leur permette de vivre.

Postes et Télégraphes.

Les postes et les télégraphes constituent encore une sorte de monopole ou d'impôt indirect ; mais ces deux administrations sont tellement nécessaires qu'il ne faut même pas songer à les changer, encore moins à les supprimer. Les seules réformes qu'on peut désirer d'y voir introduire sont au nombre de trois :

1° De temps immémorial, il a pesé, à tort ou à raison, sur tous les gouvernements qui se sont succédé jusqu'à ce jour, une grave suspicion de violer le secret des correspondances et parfois d'en détruire. Fondé ou non, ce soupçon doit disparaître. Par quel moyen ? En plaçant à la tête de chacune de ces deux administrations des hommes ayant une telle réputation de capacité, de loyauté et d'honneur, que le seul fait de leur nomination suffise pour rassurer les citoyens les plus soupçonneux.

2° Abaissement des tarifs jusqu'à ce que le produit annuel ne dépasse pas ce qui est raisonnablement nécessaire pour subvenir aux dépenses des deux administrations dont il s'agit.

3° Augmentation en bas et diminution en haut dans l'échelle des différents traitements.

Ainsi, par exemple, en prenant pour point de départ le traitement qui tient le milieu de l'échelle — non par la somme — mais par le n° d'ordre, on augmenterait tous les traitements inférieurs et l'on diminuerait, dans la même proportion, les traitements supérieurs. Il en résulterait un tableau dans le genre de celui-ci.

N°ˢ d'ordre.	TRAITEMENTS actuels	Quotité d'augmentation ou de diminution.	Somme à ajouter ou à retrancher.	NOUVEAUX traitements.	OBSERVATIONS.
1	600	+ 6/10	360	960	Facteurs ruraux.
2	800	+ 5/10	400	1200	id. de ville & expʳˢ.
3	1000	+ 4/10	400	1400	Employés de 4ᵉ ordᵉ
4	1200	+ 3/10	360	1500	
5.	1500	+ 2/10	300	1800	
6	2000	+ 1/10	200	2200	
7 Milieu	2500	» »	» »	2500	Traitement invariable.
8	3000	— 1/10	300	2700	
9	4000	— 2/10	800	3200	
10	6000	— 3/10	1800	4200	
11	8000	— 4/10	3200	4800	
12	10000	— 5/10	5000	5000	
13	15000	— 6/10	9000	6000	

N'est-il pas injuste de voir des employés qui exécutent le plus difficile, le plus pénible du travail et qui en supportent, à l'occasion, toute la responsabilité, n'est-il pas souverainement injuste de voir ces malheureux gagner ce qui est à peine suffisant pour leur procurer le strict nécessaire, tandis que Messieurs les employés supérieurs se prélassent sur de moelleux coussins, dans des bureaux où ils ne font que de rares et courtes apparitions, pour donner des ordres ou signer quelque circulaire qu'ils n'ont pas même eu la peine de rédiger ?

Qu'on ne vienne pas me dire que les traitements actuels sont en raison de la responsabilité, car il est avéré — et de notoriété publique — que, lorsqu'il y a une responsabilité à encourir et une amende ou une peine à subir, Messieurs les hauts employés savent bien s'en décharger et la faire retomber sur leurs subordonnés ; et ceux-ci n'osent même pas s'en défendre, dans la crainte de s'attirer la haine et bientôt la vengeance du chef.

Donc, comme conclusion : augmentation des traitements par en bas et diminution par en haut. Ceux de ces Messieurs qui ne seront pas satisfait de cet arrangement, n'auront qu'à donner leur démission ; il suffira, alors, de faire monter les employés placés ou dessous d'eux. Ceux-ci en seront tous enchantés, et la place se trouvant libre par en bas, il n'y aura qu'à trouver des employés secondaires ou inférieurs, ce qui ne sera pas difficile.

D'après l'examen critique qui précède, on voit que notre système d'impôts, dans son ensemble et dans ses parties, est condamné par le bon sens et la logique.

En effet :

1° Il est injuste dans ses bases, vexatoire dans sa pratique et souvent immoral ;

2° Il entraîne à des frais généraux qui, ajouté à la diminution dans la production nationale, réduisent de 750,000,000 de francs les ressources annuelles du pays ;

3° Il entrave la liberté du commerce et, par conséquent, le développement de l'agriculture et de l'industrie ;

4° Il est qualifié, à tort, de proportionnel, puisqu'il est prouvé : 1° que le capital est exempt d'impôt ; 2° que même pour l'impôt foncier, il n'est plus d'accord avec le revenu réel des propriétés, et que, 3° pour les impôts indirects, il est proportionné, non à la fortune du contribuable, mais à ses besoins, c'est-à dire qu'il devient d'autant plus lourd que celui qui le supporte a des besoins plus grands ou est plus pauvre ;

5° D'ailleurs, notre système d'impôts est extrêmement compliqué et dès lors d'une application très-difficile.

Donc il doit disparaître.

Mais comment et par quoi le remplacer.

C'est ce que nous allons examiner.

Impôt sur le Revenu.

Le revenu net d'un citoyen n'est pas autre chose que la somme annuelle qu'il a à dépenser pour vivre, c'est-à-dire toute déduction faite de ses frais généraux autres que ceux de son ménage.

En d'autres termes, le revenu d'un citoyen représente les ressources dont il peut disposer ou les forces d'entretien qu'il peut utiliser à la satisfaction de ses besoins annuels.

Si ce revenu dépasse les besoins réels ou raisonnables, il devient du superflu, c'est-à-dire qu'il sert à satisfaire des besoins factices ou de fantaisie.

Le revenu net annuel est la seule mesure exacte de la fortune d'un homme, car seul il représente exactement les ressources dont cet homme peut disposer annuellement.

Le capital n'est une véritable richesse qu'autant que, fécondé par le travail, il procure au capitaliste des revenus réguliers. En effet, sans cette fécondation, le capital n'est qu'une richesse temporaire bien vite épuisée, et son ci-devant possesseur retombe dans la misère, ou, du moins, dans la nécessité de travailler pour vivre.

D'ailleurs, tel citoyen, avec un grand capital qu'il ne saura point faire prospérer, sera moins riche que tel autre avec un faible capital dont il saura tirer un revenu relativement considérable.

Il suit de là qu'un même capital ne procurant pas toujours le même revenu, le capital ne doit pas être pris pour base de l'impôt.

Le revenu net, au contraire, représentant d'une manière très-exacte les ressources ou les forces sociales d'un homme, c'est sur le revenu net, et sur cette base seule, que l'on doit établir l'impôt de chaque citoyen.

Mais par quels moyens pratiques peut-on constater le revenu net de chaque citoyen. ?

Ces moyens sont beaucoup plus simples qu'on ne le croirait à première vue.

Examinons d'abord quels sont les éléments qui, combinés, produisent le revenu net. Ces éléments sont au nombre de quatre.

1° Les capitaux placés soit sur l'Etat, soit en actions au porteur ou mominatives, soit chez des particuliers ;

2° Les propriétés foncières, y compris les usines, maisons et étangs, meubles et bestiaux ;

3° Le commerce avec tous ses accessoires ;

4° Un emploi quelconque, soit dans les administrations, soit dans le commerce, soit même chez un simple particulier, autrement qu'à titre de domestique.

Voyons maintenant les moyens de constater l'existence de ces différents éléments, sans qu'il y ait possibilité pour quiconque d'échapper à cette constatation.

1° Pour les capitaux et les valeurs en titres de rente, pour les obligations nominales et reconnaissances de prêts, la loi édictera que ces différents titres seront enregistrés chez le percepteur, à peine de perte du capital qui s'y rapporte, et cela au profit de l'emprunteur, sans préjudice d'une amende pour avoir sciemment et intentionnellement diminué les ressources de l'Etat en le privant d'une certaine somme d'impôt ;

2° Seront de même enregistrés chez le percepteur les baux de propriétés quelconques, sous peine de perte de loyer par le bailleur au profit du preneur, et il en sera encore de même lorsqu'il sera reconnu qu'un fermage quelconque a été consenti sans bail écrit ni enregistré.

Quant aux citoyens qui exploitent eux-mêmes leurs propriétés, soit agricoles, soit industrielles, il sera choisi, chaque année, dans le sein du conseil municipal de chaque localité, un comité dont la mission aura pour objet spécial d'évaluer, à 4 ou 500 francs près, le revenu de chacun de ces citoyens exploitants. La liste en sera ensuite remise au percepteur;

3° La loi édictera qu'à la date du 31 décembre de chaque année, le journal commercial de chaque négociant devra constater le bénéfice net réalisé ou la perte faite, dans l'année, et s'il est constaté une fraude à cet égard, le bénéfice réel sera versé dans les caisses de l'Etat à titre d'amende. Les négociants auront tout le mois de Janvier pour mettre à jour leurs écritures de l'année précédente.

Il est facile de comprendre que si, au lieu de profits, le négociant a fait des pertes ou s'il n'a fait ni pertes ni bénéfices, ses impôts de l'année courante seront diminués d'une somme correspondante;

4° Le salaire des employés sera constaté par un certificat délivré par le chef de l'administration ou de la maison qui les emploie, et en cas de fraude à cet égard, le signataire du certificat subira une amende égale à la somme dissimulée. Ce certificat sera remis au percepteur dans le courant de Janvier de chaque année.

En résumé,

Il faut que le percepteur possède chez lui tous les éléments à l'aide desquels il peut calculer le revenu net de chacun de ses contribuables. Lorsque ce calcul est fait, c'est-à-dire lorsque le revenu net de chaque citoyen est établi et, par suite, la somme d'impôt qui lui incombe, avis lui en est donné par un bordereau indiquant l'analyse de sa fortune et, par conséquent, son revenu net et ses impôts.

Si le contribuable trouve qu'il est trop imposé, il fait ses réclamations au percepteur, qui lui indique sur quelles bases il a opéré et, s'il y a lieu, rectifie ses chiffres.

Si ce système était appliqué, il nous paraît difficile qu'aucun citoyen pût frauder les droits du Trésor ; il courrait, pour cela, un risque trop grand.

L'impôt sur le revenu doit être progressif.

L'impôt sur le revenu étant admis — et il nous paraît difficile de ne pas l'admettre — cet impôt doit-il être simplement proportionnel ou doit-il être progressif ?

De tout temps, les philosophes, les hommes vertueux, en un mot, les gens de bien, ont reconnu — ce qui est malheureusement vrai — que plus un homme s'enrichit, plus il a de tendances à l'orgueil, à l'ambition, à l'égoïsme. Sur cent hommes qui s'enrichissent, 99 subissent l'influence pernicieuse des richesses et perdent les vertus, les goûts simples et les manières affables qui les distinguaient quand ils vivaient dans la médiocrité. Pour eux, leur intérêt particulier prime constamment l'intérêt général, et si, parfois ils ont l'air de soutenir ou défendre les intérêts du peuple, ce n'est que par calcul et comme moyen de s'élever plus haut encore dans l'échelle sociale, et plus ils sont riches, plus ils ont de puissance et plus ils sont à craindre.

Il suit de là qu'on ne trouve quelques défenseurs réellement dévoués aux intérêts populaires que dans les gens à fortune médiocre. La société a donc un intérêt immense à ce que les fortunes particulières ne puissent devenir trop rapides, trop élevées et trop nombreuses.

D'ailleurs, plus les fortunes sont grandes et nombreuses dans un état, plus les classes populaires y sont misérables. En effet, dans la répartition de la fortune publique, les uns ne peuvent en avoir trop sans que les autres en aient trop peu. Chaque palais correspond à un groupe plus ou moins considérable de « chaumines enfumées » dont les habitants ont contribué à l'édifier.

En résumé, les grandes fortunes sont une cause de corruption pour ceux qui les possèdent et qui, presque toujours, s'en servent comme d'un moyen de domination sur les classes pauvres ; elles constituent donc un véritable danger social. Dès lors, il faut trouver un moyen qui, tout en entravant la formation des grandes fortunes, permette la formation et même la multiplicité des fortunes médiocres, et qui procure, en même temps, à l'ouvrier, les ressources qui lui sont indispensables pour vivre honorablement en travaillant courageusement. (1)

Ce moyen n'est pas autre chose que l'impôt progressif sur le revenu.

L'impôt est dit progressif si le taux de cet impôt, c'est-à-dire la quotité pour 100 francs de revenu, est proportionnel à la somme du revenu total.

En d'autres termes, dans l'impôt progressif, si le revenu devient double, triple ou quadruple, le taux pour 100 devient aussi double, triple ou quadruple.

Ainsi, par exemple, j'ai 5,000 francs de revenu net, je paierai, je suppose, 5 p. 0 0 sur ce revenu ; mais si j'ai deux fois, 3 fois, 4 fois 5,000 francs de revenu, je paierai un taux qui sera successivement 2 fois, 3 fois, 4 fois 5 p. 00 c'est-à-dire que je paierai 10 p. 00 sur les seconds 5,000 francs, 15 p. 00 sur les troisièmes 5,000 francs, 20 p. 00 sur les quatrièmes 5,000 francs.

Pour appliquer l'impôt progressif, deux systèmes principaux se présentent : dans le premier, on applique rigoureusement la progression, jusqu'à ce qu'on arrive à un taux qui absorbe les derniers 5,000 francs auxquels il est appliqué, et, par conséquent, tout ce qui peut encore se trouver au dessus.

---

(1) Voir Réflexions sur les rapports entre le Capital et le Travail.

Dans l'autre système, pour ne pas fermer complètement la porte à l'ambition personnelle ou lui opposer une barrière infranchissable quand elle arrive à un certain chiffre de revenu, on ne pousse la progression du taux qu'à 75 p. 00 des derniers 5,000 francs auxquels on l'applique, soit jusqu'à 75,000 francs, et, l'on continue d'appliquer ce taux sur tout le revenu au dessus de 75,000 francs.

En agissant d'après ce dernier système, qui a nos préférences, il y aurait encore de grandes fortunes, mais pas assez grandes cependant pour que leurs possesseurs, en se concertant, pussent faire, à volonté, comme aujourd'hui, la pluie ou le beau temps dans les affaires commerciales ou dans la politique.

Ainsi, par exemple, le citoyen qui a aujourd'hui, 200,000 francs de revenu, aurait droit à 45,110 francs, sur les premiers 75,000 francs, et à 31,250 francs,

sur les 125,000 autres, soit en tout . . 76,360 francs. c'est-à-dire, comme on voit, de quoi se payer toutes les jouissances du luxe moderne.

Il est juste d'ajouter, en outre, que l'impôt progressif, tout en diminuant considérablement les ressources annuelles des grands contribuables, ne modifierait en rien les jouissances qu'ils peuvent se procurer par la libre administration de leur fortune,— mobilière ou immobilière,— dont ils seraient complètement maîtres, soit pour la vendre, soit pour l'amodier ou la transformer à leur gré. Ainsi, la chasse, la pêche, leurs belles forêts, leurs beaux domaines, leurs somptueuses demeures, seraient toujours à leur disposition entière et absolue ; l'impôt progressif ne ferait que diminuer leur puissance pour le mal.

Voici maintenant, en regard l'un de l'autre, les deux systèmes d'impôts progressifs dont nous venons de parler :

PREMIER SYSTÈME

INDICATION du Revenu.	QUALIFICATION du Revenu.	TAUX 0/0	IMPOT par Série.	IMPOT total.	REVENU (Impôt déduit)
1ʳˢ 1000 f.	Strict nécessaire	Sans Impôt	» »	» »	1000 f.
2	Besoins naturels	2 0/0	20 f.	20 f.	1980
3	Besoins raisonnables	3 0/0	30	50	2950
4	Demi-superflu	4 0/0	40	90	3910
5	Superflu	5 0/0	50	140	4860
10	»	10 0/0	500	640	9360
15	»	15 0/0	750	1390	13610
20	»	20 0/0	1000	2390	17610
25	»	25 0/0	1250	3640	21360
30	»	30 0/0	1500	5140	24860
35	»	35 0/0	1750	6890	28110
40	»	40 0/0	2000	8890	31110
45	»	45 0/0	2250	11140	33860
50	»	50 0/0	2500	13640	36360
55	»	55 0/0	2750	16390	38610
60	»	60 0/0	3000	19390	40610
65	»	65 0/0	3250	22640	42360
70	»	70 0/0	3500	26140	43860
75	»	75 0/0	3750	29890	45110
80	»	80 0/0	4000	33890	46110
85	»	85 0/0	4250	38140	46860
90	»	90 0/0	4500	42640	47360
95	»	95 0/0	4750	47390	47610
100	»	100 0/0	5000	52390	47610

DEUXIÈME SYSTÈME.

INDICATION du Revenu.	QUALIFICATION du Revenu.	TAUX o/o	IMPOT par Série.	IMPOT total.	REVENU (Impôt déduit)
1re 1000 f.	Strict nécessaire	Sans Impôt.	» »	» »	1000 f.
2	Besoins naturels	2 0/0	20 f.	20 f.	1980
3	Besoins raisonnables	3 0/0	30	50	2950
4	Demi-Superflu	4 0/0	40	90	3910
5	Superflu	5 0/0	50	140	4860
10	»	10 0/0	500	640	9360
15	»	15 0/0	750	1390	13610
20	»	20 0/0	1000	2390	17610
25	»	25 0/0	1250	3640	21360
30	»	30 0/0	1500	5140	24860
35	»	35 0/0	1750	6890	28110
40	»	40 0/0	2000	8890	31110
45	»	45 0/0	2250	11140	33860
50	»	50 0/0	2500	13640	36360
55	»	55 0/0	2750	16390	38610
60	»	60 0/0	3000	19390	40610
65	»	65 0/0	3250	22640	42360
70	»	70 0/0	3500	26140	43860
75	»	75 0/0	3750	29890	45110
80	»	75 0 0	3750	33640	46360
85	»	75 0/0	3750	37390	48610
90	»	75 0/0	3750	41140	48860
95	»	75 0/0	3750	44890	50110
100	»	75 0/0	3750	48640	51360

D'après ces deux tableaux, on voit que le taüx 0|0 forme une progression arithmétique dant la raison est 5, à partir de 5,000 fr. de revenu, c'est-à-dire que de 5 en 5 mille fr. de revenu, ce taux augmente de 5 unités. Mais dans une même série de 5,000 francs, c'est-à-dire d'un millier de francs à un autre, l'impôt serait tout simplement proportionnel si l'on évaluait le revenu exactement, c'est-à-dire à un franc près.

En examinant la colonne des impôts par série, on voit qu'à partir du nombre 500, cette colonne forme aussi une progression arithmétique dont la raison est 250.

Pour éviter les détails et les lenteurs de calcul, il serait convenable que le revenu de chaque citoyen fût évalué en unités de 1,000 francs, c'est-à-dire que les fractions d'unité ne supportassent pas l'impôt. Mais il est facile de comprendre, que chaque millier de francs faisant partie d'une série de 5,000 francs supporterait le taux afférent à cette série ; ainsi, par exemple, la 2e série, qui comprend les 6e, 7e, 8e, 9e et 10e mille francs de revenu, serait taxée à 10 0|0 dans chacune de ses parties, qu'elle fût complète ou incomplète ; les unités manquantes seraient seules exemptes de l'impôt.

En comparant les deux systêmes qui précèdent, on voit que dans le 1er, à partir de 95,000 francs de revenu, l'impôt absorbe toutes les séries supérieures; dans le second, au contraire, à partir de la 15e série, c'est-à-dire à partir de 75,000 francs, l'impôt n'absorbe que les 3/4 ou 75 0|0 de chaque série, quelqu'en soit le nombre.

Il en résulte que, d'après le premier systême, un homme dont le revenu serait de 200,000 francs, ne pourrait disposer que de 47,610 francs, tandis que d'après le second, il pourrait disposer de 76,360 francs, soit en plus, 28,750 francs.

Voyons maintenant, par l'application de l'un et de l'autre de ces deux systêmes, quel serait le montant approximatif des impôts d'une année et, parconséquent, les ressources du budget national.

Malheureusement, nous ne pouvons, ici, raisonner que sur des chiffres plus ou moins approximatifs; pour avoir des chiffres exacts, il faudrait pouvoir les obtenir du ministère des finances, et, certes, Monsieur le Ministre a bien d'autres soucis que de fournir aux citoyens les documents qui pourraient éclairer la France sur sa situation réelle et sur sa situation possible.

Nous allons donc faire des suppositions, mais plutôt trop faibles que trop fortes; ainsi, nous supposons qu'il y ait, dans la France et ses colonies, 500 citoyens ayant chacun 500,000 de revenu;

Qu'il y en ait 550 ayant chacun 475,000 francs de revenu;

600 à 450,000 francs.
650 à 425,000
700 à 400,000
750 à 375,000
800 à 350,000
850 à 325,000
900 à 300,000

Etc., etc., il en résultera le tableau suivant :

Nombres des CONTRIBUABLES	REVENUS actuels.	BASES DU CALCUL.	IMPOT par sé[ries]
500	à 500,000 f.	(52,390 f. plus 400,000) multiplié par 500 égal	226,195 0 f.
550	à 475,000	(id. 375,000) id. 550 id.	235,064 0
600	à 450,000	(id. 350,000) id. 600 id.	241,434 0
650	à 425,000	(id. 325,000) id. 650 id.	245,303
700	à 400,000	(id. 300,000) id. 700 id.	246,673
750	à 375,000	(id. 275,000) id. 750 id.	245,542
800	à 350,000	(id. 250,000) id. 800 id.	241,912
850	à 325,000	(id. 225,000) id. 850 id.	235,781
900	à 300,000	(id. 200,000) id. 900 id.	227,151
950	à 275,000	(id. 175,000) id. 950 id.	216,020
1,000	à 250,000	(id. 150,000) id. 1,000 id.	202,390
1,100	à 225,000	(id. 125,000) id. 1,100 id.	195,129
1,200	à 200,000	(id. 100,000) id. 1,200 id.	182,868
1,300	à 180,000	(id. 80,000) id. 1,300 id.	172,107
1,400	à 160,000	(id. 60,000) id. 1,400 id.	157,346
1,500	à 140,000	(id. 40,000) id. 1,500 id.	138,585
1,750	à 120,000	(id. 20,000) id. 1,750 id.	126,682
2,000	à 100,000	52,390 id. 2,000 id.	104,780
2,500	à 90,000	42,640 id. 2,500 id.	106,600
3,000	à 80,000	33,890 id. 3,000 id.	101,670
3,500	à 70,000	26,140 id. 3,500 id.	91,490
4,000	à 60,000	19,390 id. 4,000 id.	77,560
4,500	à 50,000	13,640 id. 4,500 id.	61,580
5,000	à 45,000	11,140 id. 5,000 id.	55,700
6,000	à 40,000	8,890 id. 6,000 id.	53,340
7,000	à 35,000	6,890 id. 7,000 id.	48,230
8,000	à 30,000	5,140 id. 8,000 id.	41,120
9,000	à 25,000	3,640 id. 9,000 id.	32,760
10,000	à 20,000	2,390 id. 10,000 id.	23,900
12,500	à 15,000	1,390 id. 12,500 id.	17,375
15,000	à 10,000	640 id. 15,000 id.	9,600
17,500	à 5,000	140 id. 17,500 id.	2,450
20,000	à 4,000	90 id. 20,000 id.	1,800
22,500	à 3,000	50 id. 22,500 id.	1,125
25,000	à 2,000	20 id. 25,000 id.	500
193,500 0,000,000		TOTAUX	4,367,545 f.

10,193,500 citoyens à 5 fr. de capitation égal 50,967,500 f.
10,000,000 de femmes à 5 fr. id. id. 30,000,000 f.   80,967 f.

Total pour la France et ses Colonies. . . . . . 4,448,512 f.

En appliquant le second système à ces mêmes chiffres de contribuables, on obtiendrait pour la partie qui dépasse 70,000 francs de revenu . . . . . 3,107,422,500 fr.

Pour la partie au dessous, — semblables à celle du 1er système — . . . 518,330,000 fr.

Pour les capitations . . . . . 80,967,500 fr.

Ou ensemble. . . 3,706,720,000 fr.

Que l'on applique l'un ou l'autre de ces deux systèmes, on voit que les ressources du budget national seraient prodigieuses, et d'autant plus que, par les réformes urgentes que réclame l'organisation politique et administrative du pays, on pourrait réaliser, sur les dépenses actuelles, des économies d'au moins 1 milliard, c'est-à-dire qu'avec un seul millard, on aurait pour rétribuer largement tous les services nationaux réellement utiles, y compris l'armée et la marine (1).

Avec l'impôt progressif, même calculé d'après le second système, les ressources disponibles du budget national seraient tellement considérables, qu'on pourrait, chaque année :

1° Amortir 500 millions de la dette nationale ;
2° Doter richement l'instruction populaire ;
3° Encourager l'agriculture, l'industrie et les arts ;
4° Etablir des pénitenciers agricoles ;
5° Racheter, au nom de l'Etat, dans un délai relativement très-court, tous les chemins de fer, et, comme conséquence de ce rachat, ramener les tarifs de marchandises et de voyageurs aux chiffres strictement nécessaires pour que l'on pût entretenir en parfait état le matériel et donner des appointements raisonnables aux divers employés ;

6° Secourir tous les ouvriers français, disséminés ou réunis en ateliers, afin que les premiers puissent enfin vivre honorablement et que les seconds puissent devenir propriétaires du matériel de l'usine qui les emploie ; (2)

____

(1) Voir Réflexions sur la *Commune*, le *Canton*, le *Département* et la *Nation*.

(2) Voyez Réflexions sur les rapports du Capital et du Travail et les salaires ouvriers.

7º Construire des barrages modérateurs sur tous les petits affluents des fleuves et des rivières, afin d'arriver à rendre les inondations impossibles ou inoffensives;

8º Encourager, d'une manière efficace et incessante, les inventeurs dans toutes les sciences ou industries, et donner de larges récompenses aux citoyens dont les inventions seraient reconnues immédiatement applicables et propres à augmenter les ressources et le bien-être du peuple ;

9º Secours aux cultivateurs et aux industriels, victimes d'incendie, d'inondation, de mortalité de bestiaux, etc., etc.

Nous n'en finirions pas, si nous voulions énumérer ici tous les avantages que la société pourrait retirer de l'établissement et de l'emploi intelligent de l'impôt progressif sur le revenu.

En écrivant cette étude, nous n'avons pas d'autre but que celui-ci :

Prouver à nos lecteurs :

1º Que le système actuel de nos d'impôts est contraire au bon sens, à la morale et à l'équité ; qu'il est monstrueux dans son ensemble et dans ses détails.

Qu'il y a urgence à le remplacer par un autre plus en harmonie avec les besoins et les tendances de la société actuelle, et qui soit basé sur le droit naturel ou sur des lois qui ne soient, elles-mêmes, que la constation ou la formule du droit naturel ;

2º Que l'impôt progressif sur le revenu et celui de capitation sont les deux seuls impôts justes et conformes au droit naturel ;

3º Que par l'impôt progressif, même calculé d'après le premier système ci-dessus, tous les ouvriers, petits rentiers, petits employés, petits cultivateurs, petits commerçants ne paieraient que l'impôt de capitation, et que la plupart des autres rentiers, employés, cultivateurs et négociants paieraient moins d'impôts qu'avec le système actuel, ce dont on peut se convaincre en examinant les deux tableaux qui précédent ;

4º Que le seul moyen d'arriver à vaincre les résistances des propriétaires de grandes ou moyennes fortunes, c'est de n'envoyer à l'Assemblée Nationale, comme députés, que des hommes acceptant résolument le principe de ces deux impôts, et qui prennent l'engagement formel d'en revendiquer l'application à bref délai.

Vous, qui lisez ces lignes, n'espérez pas voir s'améliorer notre situation financière, non plus que l'agriculture, l'industrie et le sort du travailleur tant que la majorité de l'assemblée nationale sera formée de gens intéressés au maintien des abus qui grouillent dans notre système gouvernemental.

Il y a donc urgence de les chasser du pouvoir.

Pour cela, pas n'est besoin de coups de fusils ni de révolution violente : il suffit de déposer, dans l'urne, un bulletin portant les noms de candidats ayant pris l'engagement ci-dessus. Alors, sans secousses, sans qu'il soit répandu une goutte de sang, l'on verra se produire la plus belle des révolutions : celle du droit commun, basé sur le droit naturel, et cette révolution sera d'autant plus belle et plus grande, qu'elle mettra fin à toutes les autres.

RÉFLEXIONS

SUR LES RAPPORTS ENTRE

LE CAPITAL ET LE TRAVAIL

ET EN PARTICULIER

SUR LE SALAIRE DES OUVRIERS

> La loi doit être basée sur le droit naturel
> et non sur les convenances particulières
> de telle ou telle caste.

> Cherchez le droit naturel
> Et vous trouverez la loi.

> La terre au laboureur,
> L'outil à l'ouvrier.

Matières, Capital, Travail.

Matières, Capital, Travail, ces trois choses constituent la trinité sociale par excellence. En effet, sans la combinaison intelligente de ces trois forces, sans leur accord harmonieux, il n'y a plus, dans la société, que *richesse, opulence, jouissances, paresse* et *despotisme* chez les uns, et *pauvreté, misère, souffrances* et *oppression* chez les autres, le tout modifié, de temps en temps, par des secousses terribles qu'on appelle *révolutions violentes*. Ces révolutions, jusqu'ici, n'ont guère eu pour résultat que de faire verser des flots de sang, tantôt d'un côté, tantôt de l'autre, pour laisser, en fin de compte, la société dans le même gâchis qu'auparavant.

Pourquoi ? parceque dans ces révolutions violentes, on n'a songé qu'à assouvir des haines farouches ou des ambitions insatiables, sans modifier en rien les institutions sociales.

En d'autres termes, on n'a rien fait pour mettre fin à l'antagonisme, à la lutte incessante que les tyrans ont su établir entre les trois termes de la trinité sociale *Matière, Capital* et *Travail.*

La *Matière* est indépendante du *Capital* et du travail, c'est-à-dire qu'elle existe d'elle-même, sans le secours de ces deux éléments. Mais elle n'est point une *force active*, c'est-à-dire que, livrée à elle-même, elle ne peut rien produire et est réduite à l'impuissance. Ce n'est donc qu'une force *passive.*

La matière ne peut devenir féconde que par son union avec le *travail*, qui la transforme sous mille aspects divers.

Une certaine quantité de *matière* peut être considérée comme l'équivalant d'une certaine somme de *travail*, auquel, dans ce cas, elle sert de *salaire.* C'est-à-dire qu'en échange d'une certaine somme de *travail*, j'obtiendrai toujours une certaine quantité de *matière.* Il est d'ailleurs facile de comprendre qu'à l'origine des sociétés et pendant longtemps, le travail se payait en nature c'est-à-dire par de la matière.

La *matière* peut être représentée par le capital, lequel sans en avoir la valeur réelle ou les aptitudes, en est cependant considéré comme le symbole.

En d'autres termes, en échange d'une certaine somme de capital, j'obtiendrai toujours une certaine quantité de matière.

Le *capital* — or ou argent — à l'état naturel, n'est qu'une matière inerte, sans puissance, propre tout au plus à la confection d'instruments ou ustensiles de travail, ou d'objets de luxe.

Même à l'état monnayé, livré à lui-même, il est encore improductif, incapable de se renouveler ou de s'augmenter. Dans cet état, s'il est employé comme moyen d'échange, il s'épuise rapidement et finit par disparaître, laissant son ci-devant possesseur dans l'impuissance et la misère.

Le capital étant le signe représentatif de la valeur de toute marchandise, il en résulte qu'il peut être considéré comme l'équivalent de la matière, c'est-à-dire que celui qui le possède est considéré comme possédant la matière elle-même, puisqu'avec son *capital* il peut toujours s'en procurer.

En d'autres termes, posséder de la matière et posséder du capital, sont considérés comme une seule et même chose.

Il suit de là que le capital peut à volonté être employé pour payer une certaine quantité de matière ou une certaine somme de travail, et dans ce dernier cas, remplacer la matière comme salaire.

Quoi qu'il en soit, *matière* et *travail*, en se complétant l'un par l'autre, peuvent se suffirent à eux-mêmes et se passer du *capital*, mais celui-ci ne peut se passer ni de la matière, ni du travail.

De tout cela, il résulte que le capital n'est et ne peut être qu'un agent passif entre les mains de son possesseur.

Même à l'état monnayé et placé en rentes sur l'État, le capital conserve toujours son inertie ou son impuissance originelle, car jamais il n'augmentera la somme de rente que son possesseur n'en retire que grâce à la loi qui oblige l'emprunteur à payer une somme annuelle au prêteur.

En réalité, le capital n'est qu'une matière première transformée et ramenée à sa plus simple expression, c'est-à-dire à la forme qui en fait le moyen d'échange par excellence.

Considéré comme moyen d'échange, sa valeur reste la même, parce que, livré à lui-même, il reste invariable dans sa composition ou sa qualité intrinsèque.

Considéré comme marchandise, sa valeur subit toutes les fluctuations de prix des autres marchandises. Ainsi, plus il est offert aux banquiers, plus le taux qu'ils en offrent est faible. Au contraire, plus il est difficile aux banquiers de trouver des capitaux, plus l'intérêt qu'ils en offrent est élevé.

De même, plus la situation politique paraît rassurante, plus il faut verser d'argent à la bourse pour obtenir une certaine somme de rente ; plus, au contraire, la situation politique paraît compromise, moins il faut verser d'argent pour avoir la même somme de rente.

Le *travail*, au contraire, est l'agent actif par excellence, c'est l'agent des transformations incessantes de la matière ; c'est lui qui, en s'appuyant sur les découvertes de la science, met en action les forces de la nature, ou du moins, les met à même d'agir sur la matière vivante ou inanimée, et, par ce moyen, de produire les merveilles de l'agriculture et de l'industrie.

Le travail est le grand organisateur, le grand moteur de tout ce qui se fait ici-bas ; le travail participe de la création, et, sans figure, on peut dire, avec vérité, que le travailleur est le collaborateur de Dieu. Donc, à genoux devant le grand Architecte, mais chapeau bas devant l'ouvrier !

De tout temps l'homme a dû travailler pour vivre. Au contraire, les sociétés ont longtemps vécu sans capitaux monnayés et, sans passer pour fou, il nous semble qu'on peut prévoir qu'un jour viendra où l'or et l'argent étant redevenus des marchandises, purement et simplement, celui-là seul qui pourra produire, c'est-à-dire voudra travailler, aura le droit et la possibilité de vivre.

En résumé,
Capital ou matière, agent passif,
Travail, agent actif,
Capital ou matière, inertie et impuissance,
Travail, action et force,
Capital ou matière, matières premières,
Travail, transformation de ces matières.

Ce qui précède étant bien compris, quel est l'homme assez hardi pour prétendre encore que le travailleur doit être assujetti au capitaliste ? Qu'il se montre, celui-là, et qu'il réponde !

Nous croyons que c'est faire la part belle au capitaliste, lui, le représentant de l'inertie et de l'impuissance, que de l'admettre à traiter sur le pied de l'égalité avec le travailleur, ce fécondateur du capital, ce producteur d'un bien-être dont on lui refuse la jouissance, ce martyr de l'opulence, ce paria d'une société maudite ou digne de l'être, ce collaborateur de Dieu, cet éternel esclave du mauvais riche, ce frère persécuté quand il ose réclamer sa place au festin de l'humanité !

Relève la tête malheureuse victime ! Ne rougis plus de ta condition : c'est toi qui nourris le genre humain, toi le mal nourri ; c'est toi qui l'habilles, toi le mal vêtu ; c'est toi qui le loges, toi le mal logé. C'est encore toi qui le rafraîchis quand il a chaud, qui le réchauffes quand il a froid ; c'est toi, toujours toi. Pourquoi ? Parce que c'est toi seul qni produis.

Oui, travailleur, relève la tête, car tu as les mêmes droits que ceux qui s'intitulent *tes maîtres*, et ils ont les mêmes devoirs que toi.

Tes devoirs, comme les leurs, se résument dans ces quelques mots :

Ne fais pas à autrui ce que tu ne voudrais pas qui te fût fait.

Ou mieux encore :

Fais à autrui ce que tu voudrais qui te fût fait.

Tes droits comme les leurs, se résument à ceci : *Exige des autres ce qu'on exige de toi.*

Égalité, égalité, — non pas de fortune, car c'est une folie irréalisable — mais égalité de droits, égalité de devoirs, voilà quel doit être le cri des faibles, des opprimés, des déshérités, car il exprime le grand besoin de notre époque, et ce besoin répond à un sentiment ineffable de justice.

Pour revenir au cœur de notre sujet, nous disons qu'en mettant sur le pied de l'égalité le capital et le travail, c'est réellement faire une concession au capital. Pourtant, nous n'hésitons pas à la lui faire, car nous sommes intimement convaincu que le jour où cette égalité se traduira par des faits, c'est-à-dire, quand elle sera inscrite dans les lois pour passer immédiatement à la pratique, nous avons la conviction, dis-je, qu'à partir de ce moment, l'antagonisme entre *patrons* et *ouvriers* disparaîtra à tout jamais.

Et comme cet antagonisme est, au fond, l'unique cause des révolutions, nous aurons le droit de traiter de *révolutionnaire* tout citoyen qui tentera de s'opposer à la mise en pratique de l'égalité du capital et du travail.

Recherchons donc par quels moyens l'on peut mettre en pratique cette égalité.

Dans une œuvre quelconque, il y a toujours deux éléments, la matière première et la main-d'œuvre ; or, la matière n'est pas autre chose qu'un *capital*, transformé si l'on veut ; la main-d'œuvre n'est pas autre chose que le *travail* ; d'ailleurs, nous avons prouvé que *capital* et *travail* sont deux termes égaux ; donc, dans le prix de vente d'une chose fabriquée, une moitié doit être attribuée au capital, l'autre moitié au travail.

D'après cela, si la matière et la main-d'œuvre sont fournies par le même individu; il est facile de comprendre que le prix de vente doit lui être attribué tout entier.

Si, au contraire, un homme m'apporte, chez moi, de la matière première pour que j'en fabrique un produit quelconque, il est bien entendu que je n'aurai droit qu'à la moité du prix de vente de ce produit, l'autre moitié restant pour celui qui m'a fourni la matière première.

S'il arrive que la valeur de la main-d'œuvre soit supérieure ou inférieure à celle de la matière première, on réunit le prix de cette matière à celui de la main-d'œuvre, et la somme qui en résulte, retranchée du prix de vente, laisse voir le bénéfice, lequel doit être partagé au prorata entre le le prix de main-d'œuvre et celui de la matière première.

Ainsi, par exemple, on me fournit de la matière pour 12 francs, et j'estime que mon travail de fabrication vaut 20 francs ; le produit fabriqué se vend 40 francs, quel doit-être ma part et quelle doit être celle du capitaliste ou fournisseur?

Je réunis 12 francs et 20 francs, total 32 francs ; je retranche cette somme de 40 francs, prix de vente, différence 8 francs, qui est le bénéfice. Je partage ce bénéfice proportionnellement aux nombres 12 et 20, et j'ai respectivement 3 et 5 ; donc ma part dans le prix de vente doit-être 25 francs et celle du capitaliste 15 francs.

Même opération si le prix de main-d'œuvre est inférieur à celui de la matière première. Mais quelque soit le cas, aux termes de la loi, le capitaliste doit être tenu de montrer ses factures, afin que l'ouvrier puisse vérifier le prix d'achat ou de revient de la matière première et le prix de vente du produit fabriqué.

La matière première et le travail, considérés séparément, ont chacun une certaine valeur ; mais il ne s'en suit pas qu'il suffise de réunir ces deux valeurs pour obtenir celle du produit fabriqué. En effet, la matière étant fécondée par le travail, il en résulte une *plus-value* qui fait que le produit fabriqué a une valeur supérieure à celle des deux éléments qui le constituent. Cette plus-value est précisément ce qu'on appelle le bénéfice, auquel le Travail a les mêmes droits que le capital ou matière première.

Il suit de là que le salaire journalier payé aux ouvriers n'est qu'une avance ou un à-compte sur la part qui leur revient de droit dans le prix des objets, à-compte qui ne détruit en rien leur droit au partage des bénéfices.

Salaire des Ouvriers.

Les ouvriers travaillent à la journée ou à leurs pièces ; en outre, ils sont disséminés ou réunis en chantiers ou en ateliers. De là quatre catégories de travailleurs :

1° Disséminés à la journée ;

2° Disséminés aux pièces ;

3° Réunis en ateliers à la journée ;

4° Réunis en ateliers aux pièces.

Si les ouvriers travaillent à leurs pièces (réunis ou disséminés) leur part dans le prix de vente d'un objet fabriqué doit être calculée comme nous l'avons indiqué ci-dessus. Cependant, s'ils sont réunis en ateliers, il faudra, de leur part de bénéfice, retrancher un dixième, qui s'ajoutera à la part du capitaliste, afin de le couvrir de ses frais d'outillage.

S'ils travaillent disséminés et à la journée, il n'est pas possible de les faire participer aux bénéfices produits par le prix de vente. Il faut alors recourir à un moyen que nous indiquerons tout-à-l'heure.

S'ils sont réunis en ateliers et à la journée, ils doivent, dans leur ensemble, partager, par moitié avec le patron ou capitaliste, le bénéfice ou la perte annuelle, d'après un inventaire régulier.

Examinons maintenant par quels moyens l'on peut améliorer la situation des travailleurs disséminés à la journée, et par quels moyens l'on peut, sans causer aucun préjudice au capitaliste, donner la moitié des bénéfices aux ouvriers réunis en ateliers et travaillant aussi à la journée.

Secours aux Travailleurs par le moyen de l'Impôt unique et progressif.

TRAVAILLEURS DISSÉMINÉS A LA JOURNÉE.

Nous supposons, ce qui arrivera infailliblement, dans un temps plus ou moins éloigné — car c'est dans la force des choses — nous supposons, dis-je que nos *honorables* ont inscrit dans la constitution une loi établissant l'impôt unique et progressif sur le revenu, Par cet impôt les recettes du budget national atteindront au moins 4 milliards chaque année. Cette somme prodigieuse dépassant de beaucoup les besoins des divers services nationaux, la moitié au moins pourra être employée à améliorer le sort des travailleurs, d'après les données ci-dessous établies.

Point de travail, point de secours, sauf en temps de chômage forcé. Dans ce cas, pousser les chômeurs vers les travaux de l'agriculture, et refuser tout secours à celui qui, le pouvant, refuse de travailler à la production agricole.

JOURNÉES ACTUELLES des Travailleurs.				QUOTITÉ DU SECOURS.			JOURNÉES PAR LE SECOURS			
F.	F. C.	F. C.	F. C.		F. C.	F. C.	F. C.	F. C.	F. C.	F. C.
1	1,25	1,50	1,75	Les 5/10 sur une moyenne de	1,50 ou	0,75	1,75	2,00	2,25	2,50
2	2,25	2,50	2,75	4/10 id.	2,50	1	3,00	3,25	3,50	3,75
3	3,25	3,50	3,75	3/10 id.	3,50	1,05	4,05	4,30	4,55	4,80
4	4,25	4,50	4,75	2/10 id.	4,50	0,90	4,90	5,15	5,40	5,65
5	5,25	5,50	5,75	1/10 id.	5,50	0,55	5,55	5,80	6,05	6,30

Maintenant par quel moyen pratique l'ouvrier justifiera-t-il de son droit aux secours journaliers ?

Ce moyen est très-simple : chaque ouvrier doit être porteur d'un livret fortement cartonné, pouvant servir 3 ou 4 ans. Ce livret, remis par le maire, porte au commencement les nom, prénoms, âge, profession, domicile et lieu de naissance de l'ouvrier. En tête de chaque page, se trouve l'indication de l'année et le nom du mois ; sur trois colonnes verticales, se trouvent autant de cases que le mois compte de jours, avec la date correspondante sur chacune d'elles. Sur chacune de ces casses, le patron appose un timbre humide indiquant son nom et son pays. En outre, il remet à l'ouvrier un certificat constatant le nombre de ses journées de travail. Ce certificat doit être signé par lui et par deux témoins ; et, afin de lui donner un caractère d'authenticité incontestable, ces trois signatures sont ensuite légalisées par le maire de la localité. Alors l'ouvrier se rend chez le percepteur, qui retient le certificat comme pièce justificative, et remet au porteur la somme qui lui revient.

Pour faire de ce secours un puissant moyen de moralisation, la loi, pourra établir qu'il sera toujours accordé aux femmes mais refusé aux hommes jusqu'à l'époque de leur mariage.

En outre, tout ouvrier surpris en état d'ivresse le rendant incapable de se diriger seul ou qui, dans un commencement d'ivresse, aura causé quelque désordre, sera privé de secours pendant un mois la première fois, 3 mois la seconde, 6 mois la troisième, et 1 an la quatrième.

Enfin, tout travailleur ayant subi une condamnation en police correctionnelle, sera privé de secours pendant un temps proportionné à l'importance de la condamnation.

Il est bien entendu qu'il ne sera accordé aucun secours aux ouvriers travaillant au mois ou à l'année, d'après un contrat de louage, verbal ou écrit ; il n'y aura d'exception que pour ceux qui seront employés à des travaux d'agriculture ou de jardinage.

Le secours mensuel sera de 10 francs pour les travailleurs au dessous de 20 ans, et de 20 francs pour ceux de 20 ans et au dessus.

Travailleurs réunis en ateliers et à la journée.

Dans les usines et ateliers, les ouvriers recevront, par les mêmes moyens que ci-dessus, et dans les mêmes conditions, des secours journaliers calculés sur la valeur de leurs journées de travail. Seulement, comme ces ouvriers sont appelés à partager les bénéfices ou à supporter la perte de moitié avec le patron, il faudra d'abord qu'ils renoncent à travailler aux pièces et que leur salaire journalier, augmenté du secours, subisse une retenue *d'au moins 5 0/0* jusqu'à ce que la retenue totale soit suffisante pour rembourser au patron le prix de tout le matériel nécesssaire au fonctionnement régulier de l'usine ou de l'atelier.

En effet, pour qu'il y ait égalité de droits entre le patron et ses ouvriers pris dans leur ensemble, il faut que le patron fournisse simplement le local et la matière première, et que les ouvriers fournissent leur travail et leurs outils. Il faut donc, de toute nécessité, que le matériel soit leur propriété.

Aussitôt que la retenue totale atteindra 1/4 de la valeur du matériel, le patron prélèvera ce premier quart et les ouvriers auront droit à un quart de la moitié des bénéfices ; quand cette retenue sera de la moitié ou des 2/4 de la valeur du matériel, le patron prélèvera ce 2me quart, et les ouvriers auront droit à 2/4 de la moitié des bénéfices ; lorsque la retenue atteindra les 3/4 du prix du matériel, après prélèvement de ce 3me quart, les ouvriers auront droit à 3/4 de la moitié des bénéfices ; enfin, quand la retenue totale sera égale à la valeur de tout le matériel, le patron se remboursera définitivement et devra remettre aux ouvriers la moitié des bénéfices.

A chacun de ces remboursements partiels, il sera fait un inventaire ou un état de situation de l'établissement.

Néanmoins, une retenue de 5 0/0 sur les salaires journaliers continuera de s'opérer et aura pour destination :

1° L'entretien de tout le matériel ;

2° L'alimentation d'une caisse de secours pour les malades et les blessés. Cette caisse sera administrée par des commissaires nommés par les ouvriers seuls.

Inutile de dire que les secours mensuels ou journaliers accordés aux ouvriers cesseront de plein droit à partir du jour où le matériel de l'usine ou de l'atelier sera devenu leur propriété.

Les bénéfices nets produits par l'association du Travail et du Capital étant partagés par moitié entre ces deux sources de production, la part afférente aux travailleurs sera répartie entre ceux-ci au prorata de la valeur du travail annuel de chacun d'eux.

Cependant 1/4 de cette moitié de bénéfice sera mis chaque année en réserve pour le cas où, au lieu de profits, l'association aurait donné des pertes.

Il est bien entendu que si le patron prend part à la production, soit comme directeur soit comme travailleur proprement dit, outre sa part comme capitaliste, il aura droit à un salaire journalier et à une part de bénéfices semblables à ceux du premier employé de l'établissement. Cette part et ce salaire ne subiront aucune retenue.

Un règlement établi par les ouvriers de chaque atelier déterminera les conditions d'admission ou d'exclusion des sociétaires, car il doit être bien entendu que les admissions ou exclusions ne dépendent que des ouvriers ; le capitaliste n'a rien à y voir.

Dans les exploitations de carrières, marnières, houillères, tourbières, ardoisières, etc., etc., où il n'y a aucune matière première à fournir en dehors du matériel, si, après remboursement de la valeur de ce matériel, les ouvriers jugent nécessaire d'avoir un capital de roulement, ce capital n'aura droit qu'à un intérêt dont le taux sera débattu librement entre le prêteur et les emprunteurs ; c'est-à-dire qu'en dehors de cet intérêt, les bénéfices appartiendront en entier aux ouvriers exploitants, qui se les partageront au prorata de la valeur du travail annuel de chacun d'eux.

Si le système exposé ci-dessus était appliqué aux ouvriers disséminés ou réunis, les ouvriers des campagnes gagnant largement leur vie, ne songeraient plus à émigrer dans les villes ; la production agricole ou industrielle augmenterait au moins d'un dixième et les produits fabriqués atteindraient un degré de perfection inconnu jusqu'alors.

De plus, la classe ouvrière ayant plus de ressources, se nourrirait, se vêtirait et se logerait mieux ; elle paierait aussi régulièrement ses fournisseurs ; le commerce de consommation prendrait de grands développements ; de là résulterait un bien-être général immense. La race, au lieu de s'étioler, de se crétiniser, irait en s'améliorant sans cesse ; la taille et la force corporelles iraient en augmentant ; il en serait de même pour la santé publique , et la moyenne de la vie humaine s'élèverait encore.

Enfin, l'ouvrier n'ayant plus à redouter la misère pour lui et les siens, ne craindrait plus de se marier, et, au lieu de ruiner sa bourse et sa santé dans les lupanars, il trouverait la paix et le bonheur auprès de sa femme et de ses enfants. Les jeunes filles, elles-mêmes, mieux élevées et sûres de trouver dans le travail le moyen de vivre honorablement, ne succomberaient plus, sous les étreintes de la faim, aux séductions des opulents ou des suborneurs de profession.

Mais ce sont-là des idées trop simples, trop justes, trop honnêtes, trop terre-à-terre pour attirer l'attention de nos illustres hommes d'État. Mieux vaut laisser le peuple croupir dans l'ignorance, la misère et tous les vices qui en découlent ; il leur est alors beaucoup plus facile de le mener par le bout du nez ou par la terreur salutaire qu'inspirent le mouchard et le gendarme.

Eh bien, travailleurs, mes frères, si vous le voulez, il est un moyen extrêmement simple de triompher de l'incurie de nos hommes d'Etat : c'est d'envoyer à l'assemblée nationale une majorité d'hommes résolument décidés à inscrire, dans nos lois, les réformes politiques et sociales dont nous avons besoin pour faire disparaître — non pas la pauvreté, car il y aura toujours des pauvres — mais la misère et l'ignorance et les vices qu'elles engendrent nécessairement.

Travailleurs des villes et des campagnes, souvenez-vous bien que tant que vous confierez la direction de vos intérêts ,à des députés pris dans la bourgeoisie paresseuse et égoïste, vous continuerez à tourner la meule du moulin : le son et les criblures seront le salaire de votre labeur incessant, et vos maîtres feront des gâteaux succulents avec la fine fleur du froment que vous aurez moulu.

Travailleurs, votre sort est entre vos mains : vous êtes le nombre, si vous le voulez fermement, si vous vous concertez au jour du vote, vous serez la force, et ce jour-là, vous pourrez traiter avec vos anciens maîtres sur le pied de l'égalité.

En attendant ce jour de justice, repoussez loin de vous ceux qui, se disant vos amis, vous affirment que le capital n'est rien et que le travail doit être tout : se serait remplacer l'injustice existante par l'injustice opposée et vous conduire tout droit à la guerre sociale, la plus affreuse de toutes.

Il est vrai que le capital ne peut pas plus se passer du travail que la nature ne peut se passer du soleil, mais le travail ne peut pas, non plus, se passer du capital, car le capital, c'est la *matière première*, et l'ouvrier ne peut pas créer la matière dont il a besoin, il ne peut que la féconder en la transformant.

Et vous, Messieurs les patrons, qui, de père en fils, n'avez eu que la peine de naître pour trouver une belle position sociale toute prête à vous recevoir ; vous, qui n'avez jamais sué que sous le soleil de la canicule; vous, qui ne connaissez la misère que par ce qu'en disent les écrivains que vous traitez de rêveurs ; vous qui, en plein dix-neuvième siècle, maintenez vos ouvriers dans une condition si dure qu'elle leur procure à peine ce qui est strictement nécessaire pour ne pas mourir de faim ; vous qui considérez ce troupeau de malheureux comme des machines à vous gagner de l'or ; vous, enfin, qui perpétuez l'esclavage par l'exploitation de l'homme par l'homme, jusques à quand fermerez-vous les yeux sur cet état de choses inique et révoltant ?

Egoïstes, réfléchissez donc, enfin, que vos ouvriers boivent de l'eau pendant que vous savourez les vins fins ; qu'ils se nourrissent de pain pendant que votre table est couverte de mets succulents et variés ; qu'ils sont vêtus comme les bohémiens et les vagabonds des grandes routes et vous, comme les princes de la terre ; que, courbés sous le poids de la chaleur ou grelottants de froid, ils sont accablés par un travail pénible, sale et repoussant, pendant que vous vous prélassez sous de frais ombrages ou sur de moelleux coussins ; qu'ils dorment dans quelque cahute enfumée, sur un sale grabas où le chien de Madame refuserait de faire sa niche, pendant que vous vous plongez avec délices entre des draps blancs comme la neige, sur des lits suspendus ; que vos équipages, vos domaines, vos châteaux, vos somptueux ameublements sont le produit de la sueur de vos ouvriers ;

Songez que, pour vous, sont tous les plaisirs, toutes les jouissances et pour eux toutes les privations, toutes les fatigues, toutes les souffrances, toutes les misères ; songez donc que la société actuelle est un bagne, dont les ouvriers sont les forçats, vos contre-maîtres les gardes-chiourmes et vous les directeurs, et qu'il y a urgence de faire cesser cet état de choses monstrueux ; songez, enfin, que si aujourd'hui pour demain, la classe ouvrière venait à disparaître du globe, avec toutes vos richesses, vos palais, votre orgueil et votre gloire, vous seriez réduits à l'impuissance et exposés à mourir de faim !

C'est pourquoi, en terminant, je vous dis : si vous ne voulez pas, un jour — moins éloigné que vous ne le pensez — être dévorés par les bêtes brutes que vous entretenez dans l'ignorance et la misère, que vous exploitez sans trêve ni merci, il est temps que vous changiez de voie ; oui, il est temps de reconnaître que le despotisme du capital sur le travail est quelque chose d'inique et d'intolérable, et qu'il faut enfin faire vivre en paix ces deux frères ennemis.

Ayez donc le courage de déclarer que, désormais, vos ouvriers, pris dans leur ensemble, constitueront un être collectif avec lequel vous traiterez d'égal à égal, et auquel vous accorderez la part qui lui revient dans la production, c'est-à-dire, outre son salaire journalier, la moitié des bénéfices.

Le peuple veut prendre enfin sa place au grand banquet de l'humanité, et malgré vos lois répressives, vos mouchards, vos policiers, vos armées permanentes, vous ne pourrez empêcher le triomphe de la justice.

Il dépend seulement de vous que ce jour-là soit la gloire de notre siècle ou la ruine de notre société, suivant que vous consentirez à être justes ou que vous voudrez continuer à être les vampires du peuple.

(Voir ci-après la rubrique : NOTES).

NOTES

Association entre les Ouvriers
pour la Production.

Certains socialistes, membres ou partisans de l'Internationale, conseillent aux ouvriers de se grouper en sociétés de production.

C'est le cas de dire :

« Donner un bon conseil est chose très-facile,

« Mais le mettre en pratique est souvent difficile. »

Pour le prouver, raisonnons sur deux exemples, l'un pris parmi les ouvriers disséminés et l'autre parmi les ouvriers réunis en ateliers.

Comment pourrez-vous associer à leur patron les domestiques de ferme, les valets d'écurie, bergers, ouvriers, etc., les manœuvres employés aux travaux de l'agriculture ou à la culture de la vigne ? Comment pourrez-vous réaliser cette association tant que le patron ne sera pas — comme les commerçants — obligé, par la loi, de tenir une comptabilité journalière de toutes ses opérations ?

D'autre part, comment pourront-ils se grouper et s'associer entre eux, en sociétés de production, puisque le point de départ, le capital, leur manque ?

Comment pourront-ils se procurer le matériel ou les bestiaux nécessaires à une exploitation quelconque, puisqu'ils manquent de capitaux ?

Vous pourrez, il est vrai, les réunir en sociétés de résistance pour la défense de leur salaire — journalier, mensuel ou annuel — avec agence de replacement et caisse de secours, mais voilà tout. Cette organisation, loin d'affaiblir l'antagonisme entre les patrons et les ouvriers, ne fera que le fortifier et l'exciter davantage.

S'il s'agit d'ouvriers réunis en ateliers, il leur faut nécessairement :

1° Un local pour ateliers et bureaux ;

2° Un matériel de fabrication ;

3° Un approvisionnement de matières premières ;

4° Un capital de roulement pour le salaire des ouvriers associés.

Qu'est-ce au fond, que ces 4 éléments ? C'est un capital sous quatre formes différentes.

Or, d'une part, je défie à toute association de se fonder et de prospérer sans ces 4 éléments réunis ;

D'autre part, je défie aux ouvriers — qui vivent généralement au jour le jour — de pouvoir réaliser, sur le produit de leur travail, des économies suffisantes pour obtenir les 4 éléments dont il s'agit.

D'où je conclus que, sans l'association du Capital et du Travail, l'un et l'autre sont condamnés à une impuissance radicale ou à l'exploitation du dernier par le premier. Au contraire, fécondés l'un par l'autre et sur le pied de l'égalité, ils peuvent changer la face du monde en moins d'un quart de siècle.

Donner au Travailleur le produit intégral de son travail.

Voilà encore une phrase avec laquelle on jette de la poudre aux yeux des ouvriers, et dont on se sert pour les entraîner à des grèves ou à des faits regrettables dont ils sont les premières victimes.

Cette proposition serait juste, si le travail pouvait produire quelque chose sans le secours du Capital ou de la matière première.

Comment ferez-vous pour donner le produit intégral de son travail au journalier qui a passé 4 ou 5 jours à sarcler un champ de pommes de terre ou à piocher une vigne dont il n'est pas propriétaire ?

L'ouvrier ne pourra obtenir le produit intégral de son travail qu'à partir du jour où il sera associé à la production et par conséquent aux bénéfices.

Or, pour obtenir cette association, il faut qu'il possède le matériel de la production, et tant qu'il n'en sera pas ainsi, il n'est pas possible de mettre sur le pied de l'égalité le travail et le Capital. Il faut donc chercher des moyens pratiques qui, sans ôter un centime au patron, donnent à l'ouvrier la possibilité d'amasser le capital nécessaire pour acquérir ce matériel.

Dijon. — Imprimerie de G. DEMEURAT, rue Bossuet, 15.